ROYAL HORTICULTURAL SOCIETY
DK GARTENTIPPS

KRÄUTER-GÄRTEN

ROYAL HORTICULTURAL SOCIETY
DK GARTENTIPPS

KRÄUTER-GÄRTEN

RICHARD ROSENFELD

DORLING KINDERSLEY

DORLING KINDERSLEY
London, New York, Melbourne, München und Delhi

REIHENBETREUUNG Pamela Brown
REIHENBILDBETREUUNG Stephen Josland
PROJEKTBETREUUNG Cangy Venables
BILDBETREUUNG Margherita Gianni
HERSTELLUNG Patricia Harrington
CHEFLEKTORAT Louise Abbott
CHEFBILDLEKTORAT Lee Griffiths
DTP-DESIGN Matthew Greenfield

Für die deutsche Ausgabe:
PROGRAMMLEITUNG Monika Schlitzer
HERSTELLUNGSLEITUNG Dorothee Whittaker
PROJEKTBETREUUNG Regina Franke
HERSTELLUNG Gerd Wiechcinski
COVERGESTALTUNG Jan Riemer, Klaus Meyer, München

Bibliografische Information der Deutschen Bibliothek
Die Deutsche Bibliothek verzeichnet diese Publikation
in der Deutschen Nationalbibliografie;
detaillierte bibliografische Daten sind im Internet über http://dnb.ddb.de abrufbar

Titel der englischen Originalausgabe:
RHS Practical Guides: Herb Gardens

ÜBERSETZUNG Petra Trinkaus
REDAKTION UND SATZ Verlagsservice Monika Rohde, Bonn

ISBN 3-8310-0829-9

Printed and bound in Singapore by Star Standard Industries

Besuchen Sie uns im Internet
www.dk.com

INHALT

KRÄUTER IM GARTEN

WAS SIND KRÄUTER?

Unter dem Begriff »Kräuter« fasste man schon früh Nutzpflanzen mit medizinischen, kulinarischen oder aromatischen Eigenschaften zusammen, die zur Steigerung des Wohlbefindens oder bei religiösen Ritualen verwendet werden. Favoriten wie Petersilie und Thymian durften in keinem echten Küchengarten fehlen, und schlichte Kräuter in locker bepflanzten Beeten sind nach wie vor beliebt. Gerade die geometrischen Kräutergärten früherer Zeiten erleben heute ein Comeback – neben ihrem Nutzwert schätzt man ihre historischen Bezüge.

DIE ENTSTEHUNG VON KRÄUTERGÄRTEN

Die Anlage spezieller Gärten zum Anbau und zur Präsentation von Kräutern hat eine lange Geschichte. Die dekorative Gestaltung der Kräutergärten hat eine sehr viel längere Tradition als etwa die Gestaltung von Gemüsegärten. Schon in frühgeschichtlicher Zeit gehörten Kräuter und Religion zusammen. Im alten Persien galt der eingefriedete Garten mit duftenden und heilenden Pflanzen als Zufluchtsort. Stilistisch folgten europäische Klostergärten der orientalischen Tradition – es waren friedliche, von der Außenwelt abgeschirmte Bereiche mit Beeten, die durch schmale Pfade klar gegliedert wurden. Das war nicht nur dekorativ, sondern auch praktisch: Heilkräuter mit starker Wirkung wurden getrennt gezogen, damit Novizen sie bei der Ernte nicht verwechselten.

RUHE UND ORDNUNG
Diese Szene aus einem alten orientalischen Garten, in dem jeder Pflanze ihr eigener Bereich zugeteilt ist, zeigt die Ursprünge des formalen Gartenstils.

◄ KRÄUTER ALS GARTENPFLANZEN
Kräuter eignen sich zur Mischbepflanzung (hier: Salbei mit Äpfeln, Rosen und Malven), Kräutergärten haben jedoch einen eigenen Reiz.

Alte Kräutergärten

Der Erforschung von Pflanzen und ihrer Heilwirkung widmeten sich bald nicht nur religiöse, sondern auch wissenschaftliche Institutionen. Sie übernahmen die Form des geometrischen Kräutergartens mit abgetrennten Beeten. Die so angebauten Pflanzen ließen sich von Botanikern, Ärzten und Künstlern leichter studieren. Der erste dokumentierte »Apothekergarten« entstand 1545 in Italien, an der Universität zu Padua; es folgte 1587 das holländische Leyden. Gegen Ende des 17. Jahrhunderts waren Apothekergärten in ganz Europa verbreitet. Forscher und Pflanzensammler führten neue Arten ein, und die Sammlungen der Gärten wurden zunehmend um Pflanzen aus fremden Kulturkreisen ergänzt. Auch Siedler sorgten für die Verbreitung von Pflanzen und Gartentraditionen: Der erste Botanische Garten Nordamerikas entstand 1728 bei Philadelphia. Auch in Kanada, Australien, Neuseeland und Südafrika sind Kräutergärten im traditionellen europäischen Stil erhalten.

▲ ALTE ORIENTALISCHE DARSTELLUNG
Bei dieser Illustration einer alten arabischen Handschrift wurde viel Wert auf botanische Details gelegt.

▼ GARTEN ALS RÜCKZUGSORT
In diesem gegliederten, eingefriedeten Garten aus dem 17. Jh. trennen Fußwege die Beete.

Kräuter in Privatgärten

In Bauerngärten wurden Kräuter wie eh und je zwischen Zierpflanzen gezogen, sowohl ihrer dekorativen als auch ihrer kulinarischen und medizinischen Eigenschaften wegen. Die formalen, wohlgeordneten Kräutergärten der botanischen Gärten aber sprachen den Snobismus reicher Landbesitzer an. Durch die arbeitsintensive Pflege konnte der Besitzer seinen Reichtum und gleichzeitig seinen wissenschaftlichen und ästhetischen Sinn für »Natur« demonstrieren. Schon bald wuchsen Kräuter nicht mehr bescheiden im Küchengarten, sondern zierten, aufwendig in Beeten, Rabatten und Gefäßen präsentiert, Paläste, Schlösser und Landsitze.

> Heute erleben Kräutergärten ein großes Comeback

Kräutergärten heute

Das neuerdings wieder erwachte Interesse an Kräutergärten hat seine Wurzeln in wissenschaftlichen, repräsentativen und bäuerlichen Traditionen. Im Orient baut man Kräuter nach wie vor aus praktischen, medizinischen Gründen an. Die Chinesen und Japaner betrachten sie nicht als Zierpflanzen. Im Westen schätzt man vor allem ihren dekorativen und kulinarischen Nutzen. Kräuter sind allgegenwärtig: vom Fensterbrett bis zur Kräuterrabatte, als schlichte Zierpflanze oder im formalen, ornamentalen Beet oder, den heute sehr viel kleineren Gärten entsprechend, im Miniaturformat. In Spezialgärtnereien findet man bis zu 18 Basilikum- und 50 Lavendelsorten, und im Kielwasser dieses Booms erleben auch unbekanntere Kräuter wie Berufkraut ein Comeback.

MODERNER KRÄUTERGARTEN
Im modernen Kräutergarten liebt man dekorative Elemente, hier eine Sonnenuhr.

WARUM PFLANZT MAN KRÄUTER?

Kräuter sind vielseitige Pflanzen. Sie wachsen fast überall, eignen sich gut für kleine Gärten und lassen sich vielseitig nutzen. Man verwendet sie in der Küche und als einfache Hausmittel, für Basteln und Hobby: für Potpourris und Kräutersäckchen, mit denen man Kleidung und Wäsche parfümiert, und sogar zum Färben. Ein Kräutergarten wirkt mit seinen sanften Farben und beruhigenden Düften aber auch einfach als Oase der Ruhe.

KRÄUTER ANPFLANZEN

Wir schätzen bei Kräutern vor allem ihren Nutzwert, ihre historische Bedeutung und ihren Duft. Schon durch die riesige Auswahl an unterschiedlichen Sorten kommt ihnen zunehmend auch Bedeutung als Zierpflanzen zu. Sie blühen zum Teil in leuchtenden Farben – etwa das Rot der Goldmelisse und das Orange von Ringelblumen – und besitzen dekorative Blätter: Bei Lavendel sind sie bisweilen silbergrau, bei Salbei dunkelpurpur gefärbt.
Kräuter wirken in formaler Bepflanzung ebenso gut wie in lockerer Anordnung. Bedenken Sie, dass formale Ornamente nur gut wirken, solange man man die Pflanzen sorgfältig auswählt und pflegt. Viele Kräuter sind jedoch Blütenpflanzen mit großem Platzbedarf; sie sind in einer lockeren Bepflanzung besser aufgehoben, wo sie ungehindert wuchern können.

FORMALES KRÄUTERBEET
In diesem Arrangement unterstreicht Kies in verschiedenen Farben ein lebendiges Muster aus gestutzten Kräuterpflanzen.

KRÄUTER IM TOPF
Robuste, verholzte Kräuter, die gut auf heißen, trockenen Böden wachsen, gedeihen im Topf ausgezeichnet. Hier stehen (von links) Lorbeer, Heiligenkraut, Rosmarin und Thymian. Krautige Pflanzen wie Petersilie (zweite von links) lassen sich im Topf ziehen, müssen aber regelmäßig gegossen werden.

ANBAU VON NUTZKRÄUTERN

Heute pflanzen die meisten Gärtner Kräuter hauptsächlich für die Küche an (*siehe S. 12–15*). Dafür sind spezielle Kräutergärten oder -beete ideal, in denen alle benötigten Pflanzen griffbereit zusammenstehen. Viele Kräuter gedeihen in Töpfen sehr gut (*S. 46–51*), die man auf Treppen, Fenstersimse oder in die Nähe der Küchentür stellt. Durch regelmäßige Ernte hält man den Wildwuchs im Zaum und verhindert, dass Pflanzen ihre Nachbarn überwuchern oder das Gesamtbild verderben.

Regelmäßige Ernte hält Kräuter in Form und verhindert Wildwuchs

Bei der medizinischen Nutzung von Kräutern sind Wissen und Vorsicht geboten, viele lassen sich aber im kleinen Kräutergarten (*siehe S. 16–17*) ziehen, z. B. für Tees und Aufgüsse. Für Bastelarbeiten und Hobbys (*siehe S. 18–20*) braucht man eventuell Kräuter in größeren Mengen, deshalb sollte man ihnen mehr Platz zur Verfügung stellen und für einzelne Pflanzen oder Pflanzengruppen gegebenenfalls eigene Beete anlegen.

▲ KÜCHENKRÄUTER
Schmale, von Wegen gesäumte Kräuterbeete, höchstens einen Meter breit, erleichtern den Zugang bei der Pflege und Ernte.

▼ BUNTE KRÄUTERBEPFLANZUNG
Wild wuchernde Kräuter in Zierrabatten wirken natürlich und bieten Tieren Nahrung und Unterschlupf.

KÜCHENKRÄUTER

Küchenkräuter sind leicht zu ziehen und verfeinern jedes Gericht. Selbst der kleinste Garten bietet Platz für zahlreiche köstliche Kräuter. Zu den Küchenkräutern zählen Stauden, mehrjährige und einjährige, kriechende, Polster bildende, aufrechte und sogar Kletterpflanzen; das reicht aus, um im kleinen Garten eine komplett essbare Landschaft zu schaffen.

EIN KÜCHENKRÄUTERGARTEN

Einen Kräutergarten mit Heilpflanzen, der als Oase der Ruhe gedacht ist, legt man wohl am besten in einer entfernten Ecke des Gartens an. Wenn Sie Kräuter jedoch zum Kochen brauchen, ziehen Sie sie besser im Küchengarten – falls vorhanden – oder nah am Haus. Hier ist das Kräuterbeet meist von Türen oder Fenstern aus zu sehen. Deshalb sollte man es als Schmuckstück planen, das im Winter nicht kahl und trübsinnig wirkt. Dabei hilft die Gartenarchitektur: Ein Schachbrettmuster (*siehe S. 28–32*) wirkt rund ums Jahr schön; das Gleiche gilt für interessante Pflanzgefäße in Gruppen (*siehe S. 34–39*) oder Beete mit Steineinfassung (*siehe S. 34–39*). Durch holzige, immergrüne Küchenkräuter wie Rosmarin, Salbei und Thymian gewinnt eine Anpflanzung Struktur. Diese Kräuter wirken allerdings nach einem kalten Winter etwas zerzaust. Ein sorgfältig gestutzter Lorbeer ist an Eleganz und Nützlichkeit kaum zu überbieten; er ist zwar nicht billig in der Anschaffung, aber die Investition lohnt sich. Wenn es Ihnen nichts ausmacht, dass Sie im Winter keine Beeteinfassung haben, haben Sie die Wahl zwischen vielen einjährigen Küchenkräutern, die allesamt einen schönen Rahmen abgeben: etwa Reihen aus blühendem Schnittlauch oder smaragdgrüne Bänder aus krauser Petersilie.

KRÄUTER IN RABATTEN
Selten benutzte Küchenkräuter passen zwischen Schmuckpflanzen: Hier sorgen fiedriger Dill und großblättriger Liebstöckel zusammen mit Fingerhut für Höhe, und Majoran vermischt sich mit Heiligenkraut. Setzen Sie die Pflanzen in Gruppen oder geschwungenen Reihen, dann reißt die Ernte weniger auffällige Lücken.

FARBEN UND STRUKTUREN

Bei der Auswahl von Kräutern fürs Küchenbeet lässt man sich wohl eher vom Geschmack (*siehe nächste Seite*) als von der Optik leiten; wahrscheinlich beherrschen Blattpflanzen mit relativ unscheinbaren Blüten das Bild. Bei manchen Kräutern wie Rauke oder Basilikum muss man die Blüten regelmäßig ausgeizen, wenn die Blätter ihren Geschmack behalten sollen (das kostet oft erstaunlich viel Zeit). Aber selbst mit Blattpflanzen lassen sich Farbeffekte zaubern – etwa mit Silberblattsalbei oder rotem Basilikum. Räumen Sie auch Kräutern mit essbaren Blüten einen Platz ein; ein kleines Gerüst mit rankender Kapuzinerkresse zieht in jedem ornamentalen Küchengarten die Blicke auf sich.

Blüten von Basilikum und Rauke geizt man aus

▲ BLÄTTERPRACHT
Kapuzinerkresse und Ringelblumen schmecken im Salat und bringen Farbe in ein grünes Küchenbeet. Hier wurde die Minze in Töpfe gepflanzt, um sie am Wuchern zu hindern.

▼ BLÜTENZAUBER
Pflanzen Sie reichlich Schnittlauch (hier mit Fenchel und Guter Heinrich), und lassen Sie einige Pflanzen ihre Blütenpompons entfalten.

ANBAU VON KÜCHENKRÄUTERN

Wenn Sie ohnehin häufig mit Kräutern kochen, haben Sie wahrscheinlich eine Vorstellung davon, was Sie im Küchengarten anbauen möchten. Küchenneulinge aber (und besonders frischgebackene Gärtner) wissen oft nicht, welche Kräuter am nützlichsten sind, wie viele Pflanzen man kaufen sollte und welche der unterschiedlichen Arten zu den echten Küchenkräutern und welche zu den eher dekorativen, weniger aromatischen Sorten gehören.

PLATZBEDARF

Der »Erste-Hilfe-Kasten« aus Kräutern passt in ein schuhkartongroßes Gefäß (*siehe unten*), Sie müssen die Pflanzen jedoch häufig pflegen, gießen, beschneiden und sogar ersetzen. So viele verschiedene Pflanzen auf so engem Raum halten sich nicht lange, allerdings immer noch länger als Kräutertöpfchen aus dem Supermarkt. In einem kleinen Kräutergarten gedeihen zahlreiche Pflanzen friedlich nebeneinander, wenn man wild wuchernde Kandidaten wie Minze und Majoran im Zaum hält. Verschwenden Sie in kleinen Kräutergärten keinen Platz an große, aber selten benötigte Pflanzen; sind sie dekorativ, bringen Sie sie stattdessen in einer Rabatte unter, ansonsten in einer Ecke des Gemüsebeets.

DIE RICHTIGE KRÄUTERAUSWAHL

Kräuter sind heute so beliebt, dass man sie in großer Auswahl im Gartencenter oder auf Märkten findet. Trotzdem muss man bei der Auswahl vorsichtig sein – eine nach Kölnisch Wasser duftende Minze mag ja hübscher aussehen als die gewöhnliche, schmeckt aber als Tee etwas eigenartig. Die Riesenauswahl der schön zur Schau gestellten Kräuterpflanzen verlockt natürlich dazu, sich den Korb mit einem Dutzend verschiedener Pflänzchen voll zu packen. Damit wirkt Ihr Kräutergarten aber

MINIATURKÜCHENGARTEN
Dieser Drahtkorb, mit Moos und gelochter Plastikfolie ausgekleidet und mit Kompost gefüllt, passt gut ins Küchenfenster. Die Pflanzen müssen jedoch regelmäßig gepflegt und gegossen werden. Pflanzen Sie Minze immer in Töpfe, damit sie andere Pflanzen nicht überwuchert. Gegen Ende des Sommers pflanzt man am besten alle winterharten Kräuter in den Garten aus.

SCHWIERIGE ENTSCHEIDUNG
Bei begrenztem Raum sollte man sich rigoros auf Lieblingsgewürze beschränken (unten). Borretsch (links) sieht hübsch aus, aber man braucht ihn nur selten. Die große Pflanze ist besser dort aufgehoben, wo sie mehr Platz findet.

ziemlich gestückelt, und es dauert ewig, bis man die Pflanzen nutzen kann: Braucht man für ein Rezept eine Hand voll Kerbel, kostet das leicht einer kompletten Pflanze das Leben. Nimmt man aber von einigen wichtigen Küchenkräutern je drei oder vier Pflanzen, wachsen sie schnell zu ansehnlichen Polstern heran, bei denen es nicht so auffällt, wenn öfter geerntet wird.

Bei Petersilie darf es gern die doppelte Menge sein

PFLANZENMENGE

Bei manchen Pflanzenaromen ist weniger eindeutig mehr, frische, krautige Sommergewürze wie Koriander dagegen kann man büschelweise gebrauchen. Es gilt folgende Faustregel: Je robuster und langlebiger eine Pflanze ist, desto weniger brauchen Sie davon. Ein einzelner Rosmarinstrauch etwa versorgt mehrere Haushalte jahrelang mit Zweigen. Verbrauchen Sie in der Küche jedoch ständig große Mengen Petersilie und Basilikum, kommen Sie mit gekauften Pflanzen nicht lange aus. Sie sollten sich überlegen, Ihre Pflanzen selbst aus Samen zu ziehen (*siehe S. 56*); und das nicht nur einmal, sondern mehrmals im Frühling und Sommer, damit immer Nachschub da ist.

KLASSISCHE KOMBINATIONEN

Die beliebtesten Kräuter für:

Fisch Dill, Fenchel, Kerbel, Liebstöckel, Lorbeer, Süßdolde, Petersilie, Sauerampfer, Winterbohnenkraut.

Rind Estragon, Lorbeer, Rosmarin, Thymian.

Huhn Estragon, Fenchel, Kerbel, Koriander, Petersilie, Schnittlauch.

Schwein Basilikum, Fenchel, Koriander, Majoran, Petersilie, Ringelblume, Thymian.

Lamm Koriander, Oregano, Rosmarin.

Eier Basilikum, Bohnenkraut, Dill, Fenchel, Kerbel, Koriander, Schnittlauch, Thymian.

HEILKRÄUTER

Pflanzen waren die ersten Medikamente und haben für unser Wohlergehen immer eine wichtige Rolle gespielt. Als man in verschiedenen Kulturen mit der Aufzeichnung des gesammelten Wissens begann, räumte man der Heilkraft von Kräutern großen Raum ein. Fast 1000 Jahre vor Gutenberg erfassten die Chinesen in einem Verzeichnis über 800 Heilkräuter und deren Wirkung.

PFLANZEN MIT HEILKRAFT

Zum qualifizierten Pflanzenkundler wird man nur nach jahrelanger Ausbildung. In unserer heutigen Kultur haben wir fast vergessen, dass früher jedermann instinktiv zu bestimmten Pflanzen als einfaches Heilmittel griff. Bei Schmerz oder Unwohlsein schauen wir sofort in den Medizinschrank, obwohl es unbestritten wirksame pflanzliche Hausmittel gibt – zum Beispiel Thymiantee gegen Husten. Die Schulmedizin verleugnet aber längst nicht mehr ihre Herkunft aus der Pflanzenheilkunde – während unsere Vorfahren gegen Kopfschmerzen Weidenrinde kauten, nehmen wir heute Aspirin, dessen Wirkstoff Salicylsäure zunächst aus der Weide (*Salix*) isoliert wurde. So interessant es ist, mit einfachen, ungefährlichen Mitteln gegen leichtes Unwohlsein zu experimentieren (*siehe unten*) – man sollte sich in der Pflanzenheil-

> Die moderne Medizin leitet sich aus der Pflanzenheilkunde her

MUSKATELLERSALBEI
Der lateinische Name Salvia *für dieses Heilkraut leitet sich von salvus, »gesund«, her.*

▼ ESSENZEN UND ÖLE
Die Wirkung von Nachtkerzenöl ist allgemein anerkannt.

ZWEIMAL TEE
Frische Minze- oder Kamillensprossen ergeben einen beruhigenden Tee. Kühler Pfefferminztee, evtl. mit etwas Honig, ergibt ein erfrischendes Sommergetränk.

kunde auf keinen Fall ohne Anleitung oder fachkundige Hilfe weiter vorwagen. Man braucht jedoch nicht einmal irgendwelche Mittel zuzubereiten oder einzunehmen: Schon das Anlegen und Pflegen eines Gartens mit heilenden und beruhigenden Kräutern hat einen therapeutischen Effekt. Das tägliche Glas Borretsch-Aufguss verliert vielleicht rasch seinen Reiz, ein Kräutergarten mit schönen, beruhigenden oder anregend duftenden Pflanzen aber schafft dauerhaft Freude und ist ein Ort zum Abschalten und Entspannen. Der Duft, die Berührung der Blätter, die ruhige Ordnung der Beete und das Gefühl von Abgeschiedenheit tragen zur wachsenden Beliebtheit solcher »heilender« Kräutergärten bei. In vielen Krankenhäusern sind sie als Ruheraum im Freien regelrecht in Mode gekommen; hier genießen Rekonvaleszenten die stärkende Kraft der Pflanzen.

EINFACHE HAUSMITTEL	ZUBEREITUNG
Tee: Minze beruhigt den Magen, Melisse beruhigt, Johanniskraut hebt die Stimmung.	75 g frische oder 30 g getrocknete Kräuter mit 500 ml heißem Wasser aufgießen.
Aufguss: Borretsch und Thymian gegen Erkältung, Ringelblume gegen Katarrh, Melisse gegen Blähungen.	Wie Tee; abkühlen lassen; für spezielle Anwendungen oder als stärkendes Getränk. Möglichst täglich frisch zubereiten.
Salbe: Arnika oder Beinwell bei Blutergüssen, Kamille oder Walnuss bei kleineren Hautproblemen.	60 g getrocknete Kräuter mit 500 g Vaseline im Wasserbad etwa 2 Stunden erwärmen. Heiß abseihen; abkühlen lassen.
Inhalation: Borretsch oder Kamille gegen Erkältung, Schafgarbe gegen Katarrh.	500 ml Aufguss (oben) in eine Schüssel mit heißem Wasser geben und Dampf inhalieren.
Badezusatz: Kamille oder Eisenkraut zur Entspannung, Ringelblume, Rosmarin oder Zitronengras zur Aufmunterung.	Stoffsäckchen mit frischen oder getrockneten Kräutern füllen. Zubinden, unter den Heißwasserhahn hängen.

Kräuter für die Wohnung

In Kunsthandwerk und Hobby hat die Verarbeitung von Kräutern lange Tradition. Getrocknet sind sie ein dauerhafter Schmuck für die Wohnung: in Schalen mit Potpourri, als Girlanden, Kränze und in Trockenblumensträußen. Man kann damit Kissen und Duftsäckchen, Kerzen und Briefpapier parfümieren oder sie für traditionelle Färbemethoden benutzen (*S. 20*). Je mehr Sie allerdings in Ihrem Hobby aufgehen, desto mehr Platz brauchen Sie für die Pflanzen.

Potpourris und Kränze

Ein Potpourri ist leicht zu machen. Es besteht aus verschiedenen getrockneten Blüten und duftenden Blättern, manchmal auch aus Samenkapseln und getrockneter Rinde. In Drogerien und Bastelläden bekommt man spezielle Fixiermittel mit Gebrauchsanweisung, die das Aroma konservieren – am gebräuchlichsten sind Iriswurzel oder Benzoe. Auch mit ätherischen Ölen lassen sich Düfte intensivieren oder auffrischen. Setzen Sie diese jedoch sparsam ein, weil sie zartere Aromen leicht übertönen. Zum Trocknen (*S. 58*) sollte man die Blätter frühmorgens pflücken, sobald der Tau getrocknet ist, und die Blüten, sobald sie sich öffnen. Stellen Sie Ihr Potpourri unter ein Thema: eine grüne Kräutermischung oder eine Blüten-, Zitronen- oder gar Wildgartenmischung. Ein herbes Potpourri könnte z. B. aus Zitronenmelisse, Majoran, Minze, Rosmarin, Salbei und Thymian bestehen. Geben Sie zu einer bunten Blütenmischung mit Bachminze und Schafgarbe andere duftende Gartenblumen wie Rosen und Flieder. Zu würzigen Winterdüften gibt man frisch gestoßenen Kardamom, Nelken, Koriander oder Fenchel und getrocknete Zitronen-, Limonen- oder Orangenschale. Man lässt es zugedeckt vier bis sechs Wochen ziehen.

> Kräuter pflückt man frühmorgens, sobald der Tau getrocknet ist

SOMMERDÜFTE *Durch Lavendelsäckchen riecht die Wäsche immer frisch und verbreitet das ganze Jahr Sommerduft. Bei dem Lavendel mit den eigenwilligen Tragblättern handelt sich sich um* Lavandula stoechas *oder Schopflavendel; er gedeiht nur an geschützten Stellen.*

Auch Kräuterkränze haben eine lange Tradition. Man rollt ein rechteckiges Stück Kaninchendraht und steckt die Enden zum Ring zusammen. Dann flicht man frischen Thymian, Salbei, Lavendel und Rosmarin sowie Trockenmoos hinein. An einem warmen, luftigen Platz trocknen lassen. Auch schlichte, getrocknete Kräutersträuße im Korb wirken sehr dekorativ.

Weitere Kräuterideen

Für Duftsäckchen näht man ein paar Hand voll Potpourri in kleine, dekorative Bezüge. Bei Duftkerzen gibt man die getrockneten Kräuter vor dem Gießen dem Wachs zu. Auch wenn man kein Bastler ist, machen Kräuter die Wohnung schöner. Schlichte, frische Sträuße aus grünen und blühenden Kräutern sind eine stimmungsvolle Tischdekoration für sommerliche Partys, schöner als jeder gekaufte Blumenstrauß. Bei Festessen stellt man kleine Schalen mit frischen, essbaren Kräutern – etwa Petersilie, Basilikum und Rauke – auf den Tisch.

▲ DUFT FÜR DIE WOHNUNG
Duftende Pflanzen wie Mädesüß (oben) streute man früher auf die Dielen, um andere, weniger schöne Düfte zu überdecken.

▼ STRAHLEND SCHÖN
Für große Schalen mischen Sie unter bunte Potpourris ganze getrocknete Blütenköpfe. Hier schaffen Schafgarbe und Ringelblumen eine sonnige Stimmung.

FÄRBERWAID

BEINWELL

KONTRASTFARBEN

Aus dem gelb blühenden Färberwaid gewinnt man seit Jahrhunderten einen blauen Farbstoff, Beinwell färbt sonnengelb.

Färben mit Kräutern

Färben ist schwierig, macht aber Spaß. Bedenken Sie, dass jede Färbelösung einen etwas anderen Farbton ergibt. Wollen Sie Naturwolle färben, müssen Sie sie zuvor gründlich waschen oder ein paar Stunden einweichen, um sämtliches Fett zu entfernen. Die Färbelösung wird vorher zubereitet: Man lässt die Kräuter in der Regel acht Stunden in einer Schüssel Wasser ziehen und danach zwei Stunden köcheln. Die Lösung abkühlen lassen, Kräuter herausnehmen, Färbegut einlegen und eine Stunde bei kleiner Hitze ziehen lassen. Dann in einer fertigen Fixierlösung ziehen lassen (Dosierung und Dauer nach Gebrauchsanweisung). Unterschiedliche Fixierer ergeben bei derselben Pflanze manchmal verschiedene Farbtöne. Ist die Lösung abgekühlt, das Färbegut mit einer Zange herausnehmen und spülen, bis das Wasser klar bleibt.

> Die Intensität der Färbung hängt von der verwendeten Kräutermenge ab

FARBTÖNE AUS PFLANZENFARBEN

KRAUT	TEILE	HILFSSTOFFE	FARBE
Beinwell	ganze Pflanze	Alaun	Gelb
Brennessel	ganze Pflanze	Kupfersulfat	helles Graugrün
Brennessel	ganze Pflanze Blüten	Alaun, Weinstein, Prise Eisensulfat	Grünlichgrau
Färberdistel	Blätter	Alaun	Gelb, Beige
Färberwaid	Blüten	Natriumdithionit, Ammoniak	Blau
Johanniskraut	Blüten	Alaun	Cremefarben
Kamille	Wurzeln	Alaun, Pottasche	Leuchtendgelb
Mädesüß	blühende Spitzen	Alaun	Schwarz
Odermennig	ganze Pflanze	Alaun	Buttergelb
Petersilie	blühende Spitzen	Alaun	Cremefarben
Rainfarn	Blütenblätter	Alaun	Senfgelb
Ringelblume	ganze Pflanze	Alaun, Pottasche	Blassgelb
Sauerampfer	Wurzeln	Alaun	Gräulichgelb
Sauerampfer	Wurzeln	Alaun	Hellrosa

KRÄUTERGÄRTEN ANLEGEN

FORMALE GÄRTEN S. 23

Nirgendwo kommen Pflanzen schöner zur Geltung als in einem eigens zu diesem Zweck entworfenen Kräutergarten. Die hier gezeigten Vorschläge sind eher klein. Für Planung, Bau und Bepflanzung reicht ein Wochenende aus, der Maßstab lässt sich jedoch nach Bedarf verändern: Wer größere Materialmengen benötigt, sollte sich im Gartenfachhandel beraten lassen.

ZIEGELRAD S. 35

Vielleicht beeinflusst die »Reifezeit« Ihres Gartens Ihre Wahl: Ein formaler Garten mit Einfassungen aus Pflanzen (*siehe S. 22–27*) wächst erst nach ein paar Jahren zu voller Schönheit heran, mit Fliesen oder Steinen eingefasste Beete (*siehe S. 28–39*) sind in einer Saison bunt, ein hübsches Gefäß mit Jungpflanzen (*siehe S. 46–51*) wirkt praktisch sofort. Eine »beste« Jahreszeit zum Anlegen von Kräutergärten gibt es nicht. Im Frühjahr arbeitet es sich allerdings am angenehmsten, und Jungpflanzen haben eine ganze Saison Zeit zum Wachsen. Auch eine »beste« Lage gibt es nicht; die meisten Kräuter bevorzugen zwar einen sonnigen Standort, es finden sich aber auch genügend Pflanzen, die im Schatten gedeihen. Die meisten stellen kaum Ansprüche an den Boden, bisweilen muss man jedoch die Drainage verbessern (*siehe S. 52*), besonders für Pflanzen aus dem Mittelmeerraum: Für sie ist ein eigener Stein- oder Felsgarten (*siehe S. 40–45*) ideal.

STEINGARTEN S. 41

KRÄUTER-KASKADE S. 49

FORMALE KRÄUTERGÄRTEN

Buschige Kräuter eignen sich ausgezeichnet für ornamentale Beete. Die große Auswahl an Blattformen und -farben ermöglicht eine Vielzahl von klaren geometrischen Mustern. Geometrische Gärten und Blumenbeete sind als Mustervorlagen beliebt; durch Kräutereinfassungen entstehen Felder, in denen sich beliebig viele unterschiedliche Kräuter unterbringen lassen. Das Muster kann man einfach oder kompliziert gestalten; die Wirkung hängt von der Art der verwendeten Pflanzen und der Häufigkeit des Schnittes ab.

EINFACHER, BUCHSGEFASSTER GARTEN

Das Grundmuster ist für eine Fläche von ca. 3,30 x 3,30 m ausgelegt und besteht aus vier durch Wege geteilten Beeten. Unter Wegen und Einfassung verhindert eine Bahn Folie das Unkrautwachstum und hält die Feuchtigkeit im Boden. Rechnen Sie mit zwei Tagen Arbeit.

TIPPS FÜR HECKEN

- Kaufen Sie alle Pflanzen in derselben Gärtnerei – oder ziehen Sie sie preiswert selbst –, damit sie von gleicher Qualität sind.
- Schneiden Sie Buchs im späten Frühjahr und Spätsommer, nie bei drohendem Frost.
- Legen Sie beim Schneiden eine Plane neben die Hecke, um Abfälle aufzufangen.

FERTIGER GARTEN
Buchs ist nach drei bis fünf Jahren ausgewachsen und muss in dieser Zeit regelmäßig geschnitten werden, damit er in Form bleibt.

◄ GROSSER STIL *Zwischen den Buchshecken wachsen Lavendel und Heiligenkraut im Wechsel.*

Sie brauchen:

WERKZEUG

- Fäustel
- Maßband
- Winkel
- Schere
- Forke • Spaten
- Pflanzschaufel
- wasserfester Faserschreiber
- Kombizange

MATERIAL

- Holzpflöcke
- Kordel
- 3,5 x 3,5 m Unkrauthemmfolie
- Rolle Stahldraht
- 100 kg Kies

ARBEITSPLAN

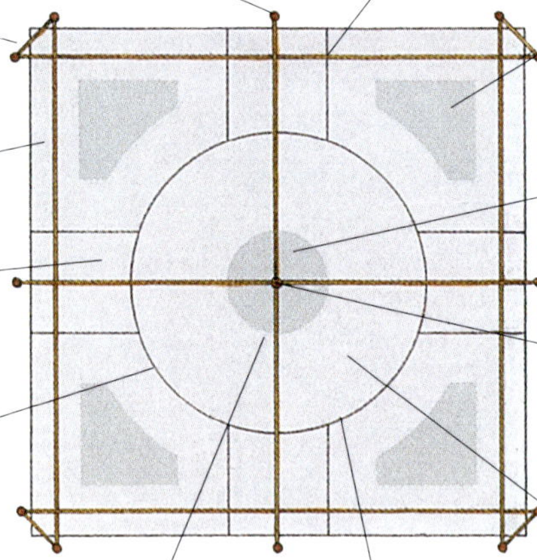

UNKRAUTHEMMFOLIE MARKIEREN UND AUSLEGEN

1 Markieren Sie ein exaktes Quadrat für die Außenkante der Buchseinfassung. Legen Sie in der »ersten« Ecke einen Winkel auf den Boden, und schlagen Sie, jeweils 15 cm von den Kanten entfernt, Pflöcke ein. Wie abgebildet wird die Kordel über Kreuz gespannt. 3,20 m Kordel abmessen, den Winkel auflegen und wie vorher verfahren, dann die Kordel weiterspannen, bis alle vier Seiten markiert sind.

2 Die Folie unter das Kordelquadrat schieben, glatt ziehen und bei Bedarf beschneiden. An den Rändern reichlich überstehen lassen – die überstehende Folie schützt die Wurzeln der Jungpflanzen an den äußeren Umrissen des Gartens und lässt sich mit Erde oder einer Umrandung aus Torf, Kies oder Steinen kaschieren.

DIE MITTE MARKIEREN UND DIE FOLIE BEFESTIGEN

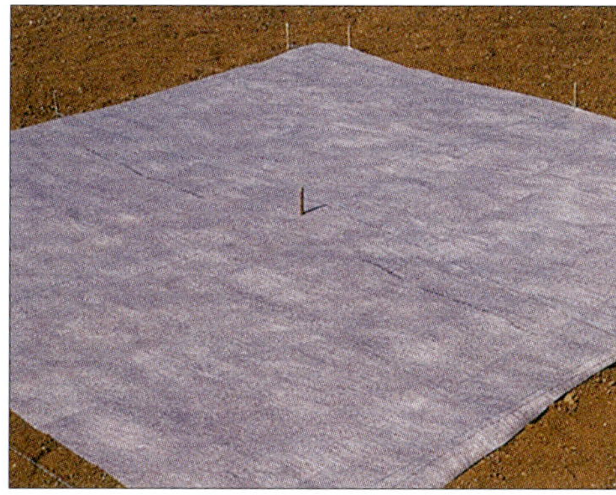

1 **Zur Markierung des Mittelpunkts** markieren Sie zunächst die Mitte der Seiten durch eingeschlagene Pflöcke (hier 1,60 m vom Kreuzungspunkt der Kordel).

2 **Die Kordel** kreuzförmig zwischen den gegenüberliegenden Pflöcken spannen. Die Mitte des Quadrats liegt im Schnittpunkt der Linien. Dort einen Pflock einschlagen, die Folie vorher durchbohren *(siehe unten)*.

3 **Die Folie** in ca. 30 cm Abstand mit Drahtbögen im Boden befestigen. Die Folie immer erst mit Draht oder Ahle durchbohren, bevor man Bögen oder Pflöcke einschlägt, damit sie sich nicht verzieht oder Wellen schlägt.

DIE WEGE MARKIEREN

1 **Zur Markierung des Rundwegs** zeichnen Sie zwei Kreise um den Mittelpflock, dazu die Kordel an den Pflock binden. In 30 und 90 cm Abstand Knoten machen, den Stift am Knoten entlang im Kreis ziehen.

2 **Um die Wege zu markieren,** ziehen Sie Linien, die jeweils 30 cm von den Kordeln entfernt sind, welche sich in der Mitte kreuzen. Mit Faserschreiber und Winkel gerade Linien und exakte Winkel einzeichnen.

DIE FOLIE AUSSCHNEIDEN UND BEPFLANZEN

1 **Die Folie** an den vier für die Kräuter vorgesehenen Stellen ausschneiden, dabei innerhalb der Beete und (falls gewünscht) des Mittelkreises 10 cm Folie überstehen lassen. Die Folie wie vorher in Abständen mit Drahtbögen in der Erde befestigen.

2 **Die Buchspflanzen** an Wegrändern und Außenkanten in ca. 8 cm Abstand setzen. Die Position markieren, die Folie kreuzweise einschneiden, Loch in den Boden graben, Buchs pflanzen und gründlich wässern.

3 **Stampfen Sie** den Boden auf den Wegen fest. Die Kordel abnehmen und den Kies (oder Rindenmulch oder -humus) 1 cm dick auf den Wegen und um die Einfassung verteilen. So wird die Folie verdeckt, und die Wurzeln der Buchspflanzen bleiben kühl.

HEMMFOLIE

Unkrauthemmfolie hat gegenüber preiswerteren Materialien zur Unkrautunterdrückung (etwa schwarzer Plastikfolie) den Vorteil, dass sie wasserdurchlässig ist und gleichzeitig das Verdunsten von Wasser verhindert. Man bekommt sie im Gartencenter in verschiedenen Größen; bei großen Flächen legt man Bahnen überlappend aneinander.

4 **Setzen Sie** die Kräuter, nachdem Sie die Pflanzen gründlich gewässert haben. Aus den Töpfen nehmen und einpflanzen. In der trockenen Jahreszeit regelmäßig gießen, bis der Garten gut angewachsen ist.

PFLANZEN

EINFASSUNG
100 x Buchs

KRÄUTER
8 x Ingwerminze
12 x Mutterkraut
16 x Zitronenmelisse

FARBFELDER

Meist werden formal eingefasste Beete mit einer Vielzahl von Pflanzen gefüllt. Dabei wirken dichte, niedrige Pflanzen in auffälligen Patchworkmustern viel eindrucksvoller. Beim offenen Grundriss *(Illustrationen unten)* kann auch die Farbe der Wege Akzente setzen.

Ein geschlossenes Beet *(Foto unten)* hat breitere, verschnörkelte Einfassungen und Beete, aber keine Wege; solche Anlagen sind sehr schwer zu pflegen, sehen jedoch fantastisch aus.

FARBFELDER ANLEGEN

RECHTE WINKEL
Rotes und grünes Basilikum geben im Beet den Ton an, blau blühender Ysop zieht im Zentrum die Blicke auf sich.

GEKREUZTE WEGE
Hier schafft der Kontrast von Violett (Lavendel) und Goldgelb (blühendes Heiligenkraut) strahlende Farbeffekte.

STRUKTURIERTE DREIECKE
Jedes dieser Segmente lässt sich mit verschiedenen Thymian- und Salbeisorten füllen; so ergibt sich eine Reihe von Grün-, Gold- und Violett-Tönen.

KRÄUTER

EINFASSUNG

Pflanzen mit aufrechtem Wuchs, die sich für regelmäßigen Schnitt eignen:

Buchs
Gamander
Heiligenkraut
Lavendel
Rosmarin
Sandstrohblume
Ysop

FÜLLUNG

Pflanzen, die Farbeffekte zaubern:

Goldgelbe Blätter
Goldblättriges Oregano
Goldblättriges Mutterkraut

Silbrige Blätter
Sandstrohblume
Heiligenkraut

Panaschierte Blätter
Verschiedene Sorten von Mädesüß
Zitronenmelisse

Blühende Kräuter
Gamander
Salbei
Ysop

GESCHLOSSENE BEPFLANZUNG
Hier bilden drei verschiedene Heckenkräuter – Buchs, Salbei und Heiligenkraut – ein geschlossenes Muster.

KRÄUTER UND PLATTEN

Platten im Sandbett schaffen ideale Bedingungen für Pflanzen, die sonnige, durchlässige Böden mögen. Kriechende Kräuter wie Thymian breiten sich von den Fugen her aus, andere säen sich selbst in Ritzen aus. Ein selbst gebautes Schachbrettmuster aus Platten und kräuterbepflanzten Zwischenräumen ist schön und praktisch zugleich – jede Pflanze ist leicht zugänglich. Aber auch ein bereits vorhandener Plattenweg lässt sich mit Kräutern bepflanzen *(siehe S. 33)*

SCHACHBRETT-KRÄUTERGARTEN

Das einfache Muster bringt Pflanzen vor allem dann zur Geltung, wenn man sie farblich so einsetzt, dass sie das Muster betonen. Die Maße und Anzahl der verwendeten Platten bestimmen die Größe der Fläche.

PFLANZTIPPS

- Pflanzen Sie auch kriechende oder wuchernde Kräuter, damit das Karomuster nicht so streng wirkt.
- Ein Schachbrett eignet sich gut für wuchernde Pflanzen wie Minze; sie werden durch die Platten im Zaum gehalten.

Sie brauchen:

WERKZEUG

- Pflöcke, Kordel, Winkel, Lineal
- Spaten
- Harke
- Fäustel
- Hammer
- Wasserwaage
- Pflanzschaufel
- Forke

MATERIAL

- 4 Latten imprägniertes Weichholz, 10 x 2 cm, 2 à 2,30 m, 2 à 1,80 m
- 8 Holzpflöcke, 5 x 5 x 30 cm
- 12 Stahlnägel, 7 cm lang
- 12 Säcke Gartensand à 25 kg
- 10 Platten à 45 x 45 x 3 cm
- 25 kg Fertigzementmischung

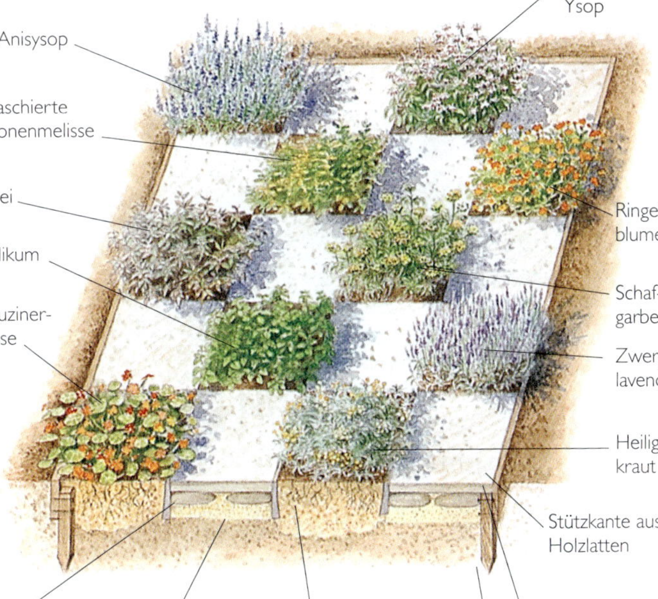

BAUPLAN
Das Muster ist einfach. Bei zehn Platten in dieser Anordnung müssen die Latten, die den Bereich einfassen, die vierfache bzw. knapp mehr als die fünffache Plattenlänge haben.

◀ WEICHE KONTUREN *Wuchernde Pflanzen und verwitterte Platten geben dem Garten Gesicht.*

Vorbereitung und Unterkonstruktion

1 **Markieren Sie** die Umrisse (2,30 x 1,85 m) mit Kordel und Pflöcken *(siehe S. 24)*. Den Boden auf Tiefe der Latten (10 cm) ausheben und für die Pflanzlöcher aufbewahren.

2 **Harken Sie** den Bereich so glatt und eben wie möglich; große Steine entfernen. Arbeiten Sie rückwärts, um den Boden so wenig wie möglich festzutreten.

3 **Die Latten** an die Seiten des Rechtecks setzen und gut andrücken. In einer Ecke einen Pflock so tief einschlagen, dass die Oberseite 3 cm tiefer als die der Latten liegt. Etwa in der Mitte der Seite einen weiteren Pflock ebenso einschlagen.

4 **Mit der Wasserwaage kontrollieren,** ob die Latten gerade liegen. (Sehr wichtig, weil die Platten exakt im Holzrahmen liegen müssen.) Nun an allen Ecken und in der Mitte der vier Seiten Pflöcke einschlagen. Die Latten an die Pflöcke annageln.

DEN SAND EINFÜLLEN UND DIE PLATTEN VERLEGEN

1 Die Fläche 5 cm dick mit grobem Sand bedecken. Das ergibt ein ebenes, festes Fundament zum Verlegen der Platten.

2 Den Sand mit einer Wasserwaage glätten und andrücken. Die Wasserwaage ziehen Sie mit Druck zu sich, damit die Oberfläche glatt wird; damit auch kontrollieren. Rückwärts arbeiten, damit man nicht auf den Sand tritt.

3 Alle Platten zurechtlegen, mit jeweils einer Plattenlänge (45 cm) Platz. Noch liegen die Platten etwas tiefer als der Rahmen, damit Platz für eine Schicht Zement bleibt. Die Zementmischung mit genügend Wasser zu einem festen Brei anrühren.

4 Die Platten einzeln anheben und jeweils einen Klecks Zement in Ecken, Zentrum und Mitte geben. So halten die Platten sicher.

5 Die Platten einlegen, dabei mit dem Stiel des Fäustels und der Holzlatte festklopfen. Mit der Wasserwaage kontrollieren; die Platte muss glatt am Rahmen anliegen.

Vorbereitungen zum Bepflanzen

1 **Sind alle Platten verlegt,** den Sand von den Rändern entfernen und mit Zement versiegeln. Den Zement trocknen lassen.

2 **Die Pflanzquadrate** mit der restlichen Erde füllen und lockern, bis sie gleichmäßig mit dem Sand vermischt sind. Der Zement muss vor dem Betreten ganz durchgetrocknet sein.

Materialien und Pflanzen

Bodenplatten gibt es in allen möglichen Farben, Größen, Formen und Strukturen, aus Naturstein oder Zement, glatt oder gemustert, witterungsbeständig oder nicht. Eine Kombination verschiedener Materialien, Farben und Strukturen wirkt lässiger, ein einheitliches Design strenger. Auf jeden Fall sollte man die Materialien auf die umliegenden Gebäude und die geplante Bepflanzungen abstimmen.

VERSCHIEDENE BODENPLATTEN
Bodenplatten sind meist quadratisch oder rechteckig, es gibt aber auch andere Formen. Naturstein passt besser in den Garten, ist aber teuer. Gemaserter Zementstein wirkt einigermaßen natürlich und ist wesentlich preiswerter.

KRÄUTER

- Basilikum *(Ocimum)*
- Borretsch *(Borago)*
- Brunnenkresse *(Tropaeolum)*
- Dill *(Anethum)*
- Gamander *(Teucrium)*
- Goldmelisse *(Monarda)*
- Heiligenkraut *(Santolina)*
- Kamille *(Chamaemelum)*
- Lavendel *(Lavandula)*
- Majoran *(Origanum)*
- Melisse *(Melissa)*
- Minze *(Mentha)*
- Ringelblumen *(Calendula)*
- Salbei *(Salvia)*
- Schnittlauch *(Allium schoenoprasum)*
- Ysop *(Hysoppus)*

Bepflanzung eines Weges

Vorhandene Platten lassen sich oft entfernen, vor allem, wenn sie nicht fest verlegt sind, um Raum für Pflanzen zu schaffen. Der darunter liegende Boden muss vorm Bepflanzen verbessert werden. Sind die Fugen breit genug, kann man niedrige Kräuter pflanzen, die gelegentliches Betreten vertragen.

Die Platten entfernen

1 **Rund um die Platte** den Schmutz und alten Zement wegkratzen. Spaten an einer Seite in die Fuge einstechen, Platte aushebeln und abheben.

2 **Harte Erde** unter der Platte entfernen. Bei guter Qualität den verbleibenden Boden mit einer Forke lockern und durchlüften.

3 **Den Pflanzbereich** mit einer Mischung aus Gartenerde, Kompost und grobem Sand füllen. Die Oberfläche glätten; nun kann man Kräuter aussäen oder setzen.

Zwischen Platten pflanzen

KRÄUTER IN FUGEN
Kriechende Thymianarten sind gute Fugenpflanzen. Bei breiten Fugen setzt man Pflanzen ein, ansonsten sät man. Fuge auskratzen, Erde einfüllen, wässern, säen und nochmals gießen.

FUGENKRÄUTER

- Dost, z. B. *Origanum vulgare* 'Compactum'
- Kriechende Minze
- Kriechendes Bohnenkraut
- Quendel
- Zwerg-Mutterkraut, z. B. *Tanacetum parthenium* 'Golden Moss'
- Kamille

ZIEGELSTEIN-KRÄUTERBEETE

Mit beschnittenem Buchs eingefasste Beete sehen schön aus, wirken aber erst nach Jahren perfekt. Ein formales Kräuterbeet mit Ziegeleinfassung ist in einem Tag gebaut und in einer Saison begrünt. Die breite Farb- und Formenpalette von Ziegeln eignet sich für alle möglichen Formen und Muster und zum Kombinieren mit anderen Materialien *(siehe S. 38–39)*. Man kann auch verschiedene Blattfarben oder Kräuterarten durch Ziegelreihen trennen.

EIN KRÄUTERRAD BAUEN

Diese traditionelle Form lässt sich in einem knappen Tag bauen, und das Material ist nicht teuer. Die Zementmischung wird trocken eingefüllt und ist daher einfacher und sauberer zu verarbeiten. Zur Vorbereitung muss man lediglich den Boden einebnen und harken. Das hier gezeigte Rad mit einem Durchmesser von 1,50 m hat viel Platz für Kräuter. Im Mittelpunkt könnte eine große Pflanze oder ein Zierelement stehen.

Sie brauchen:

WERKZEUG
- Harke
- Spaten
- Fäustel
- Lineal
- Wasserwaage
- Pflanzschaufel
- Markierungspflöcke
- Kordel
- Maßband

MATERIAL
- Sand zum Markieren
- 50 Ziegel (22 x 10 x 6 cm)
- 5 Säcke magere Zementmischung à 25 kg

DAS RAD BEPFLANZEN
Für frei liegende Beete empfiehlt sich eine niedrige, symmetrische, in der Mitte höhere Bepflanzung. Liegt das Beet vor einer Mauer oder in einer Ecke, setzt man höhere Pflanzen in den Hintergrund.

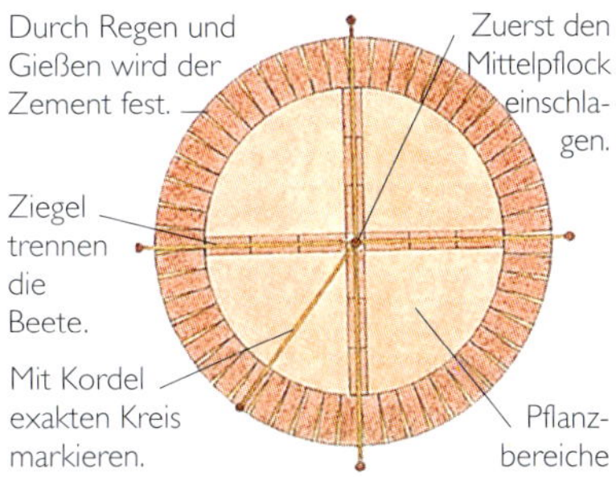

ARBEITSPLAN

◄ MATERIALABSTIMMUNG *Wählen Sie Ziegel, die zu vorhandenen Wegen und Mauern passen.*

DEN KREIS MARKIEREN UND AUSHEBEN

1 Den Umriss markieren: Etwa in der Mitte einen Pflock einschlagen, die Kordel anbinden, auf Höhe des gewünschten Beet-Radius (hier 70 cm) einen Knoten machen, am Knoten halten und einen Kreis um den Mittelpflock ziehen, dann die Kreislinie mit Sand markieren *(kleines Foto)*.

2 Von der Kreislinie nach außen einen flachen Graben ausheben, etwas breiter und 5 cm tiefer als die Ziegel; so bleibt reichlich Platz für Ziegel und Zement. Die ausgehobene Erde zum Auffüllen aufbewahren.

DIE ZIEGEL PLATZIEREN UND VERLEGEN

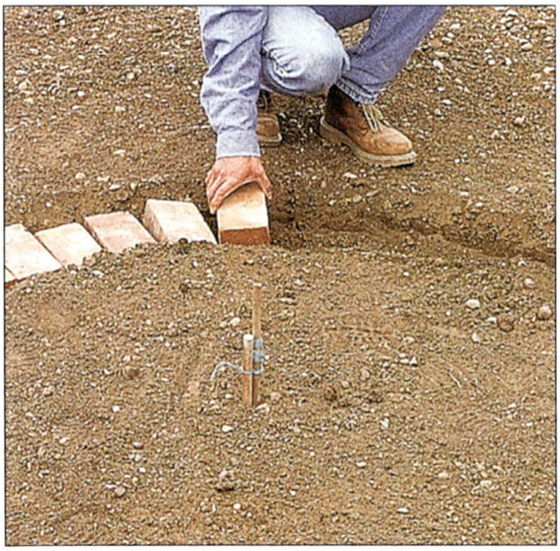

1 Zunächst alle Ziegel im Graben auslegen, damit man Abstände korrigieren kann. Je größer der Kreis, desto kleiner die Abstände am äußeren Rand.

2 Die Zementmischung 5 cm dick im Graben verteilen, dann immer drei oder vier Ziegel auf einmal festklopfen. Die Lage mit der Wasserwaage überprüfen.

3 Für die »Speichen« das Rad halbieren; dazu zwei Pflöcke außerhalb der Kreislinie einschlagen, dazwischen die Kordel spannen, die auch den Mittelpflock berührt.

4 Den Graben für die Wege etwas breiter und tiefer als die Ziegel ausheben. Die Ziegel auf einer Lage Zementmischung verlegen, dann die Erde andrücken. Wenn Sie möchten, in der Mitte ein Pflanzloch lassen.

Die Kräuter arrangieren und setzen

Arrangieren Sie die Pflanzen vor dem Setzen, damit die Abstände stimmen. Gründlich wässern, dann durch leichtes Klopfen auf den Boden und vorsichtiges Ziehen aus dem Topf holen. Pflanzlöcher graben und Pflanzen einsetzen, dann gut angießen. Regelmäßig gießen, besonders bei trockenem Wetter, bis die Jungpflanzen gut angewachsen sind.

Verwendete Kräuter

3 x Fenchel	3 x Borretsch
3 x Schnittlauch	4 x Majoran
2 x Krause Minze	5 x Kamille
5 x Thymian	3 x Mutterkraut

ZIEGELMUSTER

Mit gerade verlegten Ziegelreihen lassen sich die verschiedenen Beete *(siehe unten)* preisgünstig einfassen. Durch Variationen wird das Ganze interessanter. Paarweise einmal längs, einmal quer verlegte Ziegel ergeben ein Flechtmuster, diagonal verlegte ein Fischgrätmuster. Setzt man abwechselnd einen Ziegel flach, einen hochkant, entstehen Miniatur-Zinnen, versenkt man sie schräg im Boden, erhält man eine gezähnte Kante. Ziegel lassen sich auch gut mit vielen anderen Materialien kombinieren.

STILFRAGEN

Wählen Sie stets Ziegel, die zu den vorhandenen Materialien in Haus und Garten passen, damit alles wie aus einem Guss wirkt. Im Baustoffhandel haben Sie meist mehr Auswahl als in Garten- oder normalen Baumärkten. Auch die Struktur der Ziegel spielt eine Rolle: glatte, neue Ziegel passen gut zum modernen Gartendesign, rauhe, verwittert wirkende Steine gehören eher in den traditionellen oder ländlichen Garten. Sie bieten außerdem mehr Trittsicherheit als glatte Ziegel; das Gleiche gilt für Steine mit strukturierter Oberfläche.

TIPPS BEIM ZIEGELKAUF

Nicht frostsichere Ziegel eignen sich nicht als Pflastersteine; als Ziersteine altern sie rasch und setzen Patina an, was durchaus erwünscht sein kann.

- Klinker haben zwei glatte Seiten und sind robust, frost- und feuchtigkeitsresistent.
- Feldbrandziegel, meist ebenfalls wetterunempfindlich, sind auf einer Seite eingedellt.
- Offenporige Klinker sind meist flacher, man nimmt sie für dekorative Verkleidungen; nicht alle sind jedem Wetter gewachsen.
- Hohlziegel haben Löcher, die als Pflanzlöcher dienen können.

DOPPELRAUTE
Das auffällige Muster macht sich gut bei einem Pflanzbeet im Innenhof. Man braucht einen Winkel, um exakte 90°-Ecken zu markieren.

QUADRATUR DES KREISES
Einen Kreis wie für ein Rad markieren und mit Kordel in sechs Beete aufteilen. Äußere Kreissegmente mit Ziegeln zum Sechseck abschrägen.

ZIEGELLEITER
Die Leiter kann, mit kriechenden Kräutern wie Thymian bepflanzt, in einen selten benutzten Weg integriert werden. Erde und Ziegel müssen eben sein.

MATERIALMIX

Kleine Kräuterbeete bieten die Gelegenheit, ohne großen finanziellen Aufwand interessante Materialien im Garten unterzubringen, vor allem, wenn die Umgebung aus preiswerterem Material wie Kies oder Kopfsteinpflaster im Zementbett besteht. Kombiniert man wie unten mehr als zwei Materialien, sollten zumindest zwei in Farbe oder Struktur übereinstimmen, sonst wirkt die Konstruktion vor allem auf kleinem Raum zu überladen. Neue, patinierte Begrenzungssteine mit Zierkanten wirken durchaus »antik«; für echte alte Stücke muss man etwas mehr anlegen. Bei auf alte Baustoffe spezialisierten Händlern findet man bisweilen preisgünstige kleine Posten an alten Fliesen oder Steinen, die für Profis uninteressant sind.

▸ LÜCKENFÜLLER
Zement lässt sich einfärben und fällt dann weniger auf, wie hier zwischen den quadratischen Platten – mit Kontrastfarben betont man das Muster. Breite Fugen wirken interessanter, wenn man unter den Zement kleine Kiesel, Muscheln oder sogar Terrakottascherben mischt.

OBERFLÄCHEN
Feldbrandziegel verlegt man mit der Delle nach unten oder auf der Seite liegend, vor allem, wenn sie an Erde oder andere »wandernde« Materialien wie Kies grenzen.

MEDITERRANER STIL

Die sonnenhungrigen Pflanzen mediterraner Hügellandschaften eignen sich ausgezeichnet für sonnige, steinige Böden. Eine Steinlage über der Erde konserviert nicht nur die Feuchtigkeit, sondern speichert auch tagsüber die Wärme und gibt sie nachts wieder ab; das schafft ein günstiges »Mikroklima«. Legen Sie einen Felsgarten an *(unten)*, oder pflanzen Sie kriechende Kräuter wie Quendel, die sich in Ritzen oder gesprungenen Treppenstufen ausbreiten.

EINEN FELSGARTEN ANLEGEN

Ein Felsgarten ahmt die natürliche Steinlandschaft am Fuß von Hügeln oder Klippen nach. Er ist ideal für regenarme Gegenden. Damit er natürlich wirkt und sich seine wassersparenden Eigenschaften voll entfalten können, platziert man Steine und Pflanzen, wie unten abgebildet. Sitzen die Steine im richtigen Winkel, leiten sie das Regenwasser nicht einfach bergab, sondern zu den Pflanzen hin. Suchen Sie Steine aus, die in Struktur und Farbe zur Umgebung passen. Ein guter Händler garantiert Ihnen, dass die Steine nicht aus umweltschädlichem Abbau stammen. Im Handel erhält man auch künstliche Steine, die weniger kosten und durchaus echt wirken.

PRAKTISCHE TIPPS

- Verwenden Sie keine Steine, die zu schwer für Sie sind. Heben Sie nie mit gekrümmtem Rücken oder aus der Drehung heraus; Sie könnten Rückenschäden davontragen.
- Am besten wirken Steingärten vor dem Hintergrund von Mauern oder Zäunen.
- Suchen Sie die sonnigste Stelle aus; in der Hitze duften die Pflanzen stärker.

SO FUNKTIONIERT EIN STEINGARTEN
Die Anordnung der Steine soll natürlich wirken, gleichzeitig aber die optimale Versorgung der Pflanzen gewährleisten.

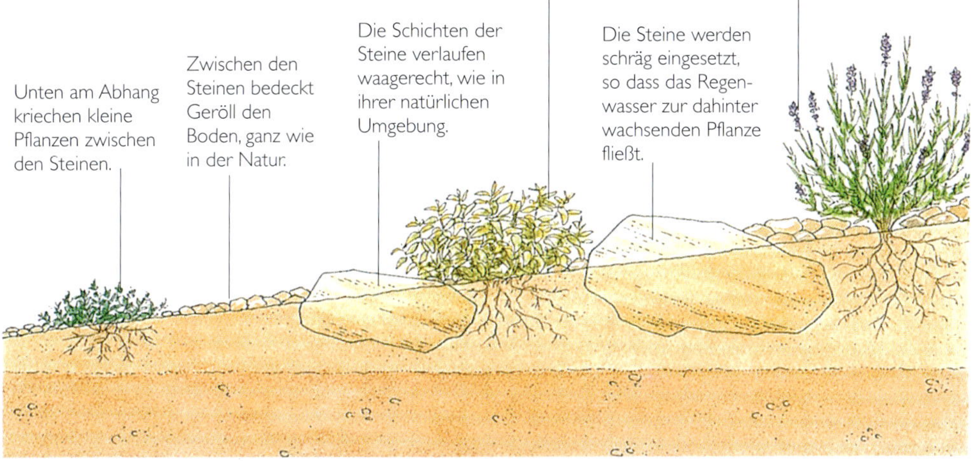

STEINGARTEN *Große und kleine Steine schaffen ein natürliches Umfeld für Kräuter.*

Die Steine auslegen

Sie brauchen:

WERKZEUG
- Spaten
- Harke
- Pflanzschaufel

MATERIAL
- Mauersand
- Findlinge in verschiedenen Größen, hier Sandstein, überwiegend 15 x 30 cm
- Geröll – viele kleine Steine, ca. 2 bis 6 cm. 25 kg reichen für ca. 1 qm zwischen den Findlingen.

1 **Jäten und graben Sie** den Bereich um, bedecken Sie ihn 2,5 cm hoch mit Sand und arbeiten ihn ins Erdreich ein.

2 **Die Erde** mit der Harke so ziehen, dass ein leichtes Gefälle entsteht. Die Neigung sollte auf den Platz abgestimmt sein.

3 **Die Findlinge** so natürlich wie möglich arrangieren, teils in Gruppen, teils einzeln in größerer Entfernung.

4 **Für jeden Stein** eine flache Kuhle ausheben. Der Stein muss im richtigen Winkel zum Abhang *(siehe vorige Seite)* fest im Boden sitzen.

5 **Die Kräuter** im Topf in der Pflanzposition arrangieren. Größere Pflanzen kommen hinter Steine, damit die Wurzeln kühl bleiben und möglichst viel Feuchtigkeit erhalten. Kleine Pflanzen im Vordergrund platzieren.

Kräuter pflanzen und das Geröll verteilen

1 **Die Pflanzlöcher** für die größeren Kräuter ausheben. Vorsichtig aus dem Topf nehmen und einpflanzen. Den Boden um die Pflanzen fest andrücken und gründlich wässern.

2 **Größere Geröllstücke** in diesem Beetteil zwischen den Findlingen aufschütten. Mit der Harke gleichmäßig verteilen, dabei nicht die Pflanzen beschädigen.

3 **Mit der Pflanzschaufel** Löcher für die kleinen Kräuter graben. Aus den Töpfen nehmen, setzen und wässern.

4 **Den vorderen, am tiefsten gelegenen Beetteil** mit kleinsten Geröllstücken bedecken und mit der Schaufel vorsichtig zwischen und an den Pflanzen verteilen, ohne sie zu beschädigen.

AROMATISCHES UMFELD

Silberblättrige Kräuter und hellgrauer Stein harmonieren farblich miteinander. In der Sonne duften die Pflanzen erst richtig. Der Garten braucht kaum Pflege: Jäten Sie Unkraut, sobald es sich zeigt.

KRÄUTER

Beifuß
Heiligenkraut
Lavendel (verschiedene Sorten, darunter Schopflavendel, *Lavandula stoechas*)
Rosmarin
Salbei (darunter der nach Ananas duftende *S. elegans* und der golden panaschierte *S. officinalis* 'Icterina')
Thymian

PFLANZVORSCHLÄGE

Kräuterpflanzen und Steine passen sehr gut zueinander, nicht nur in Fels- und Steingärten. An Wegen, Mauern und Treppen kommt die abgestrahlte Wärme den Kräutern zugute, und ihre Wurzeln finden unter Steinen und in Ritzen Feuchtigkeit und Schutz vor der Sonnenhitze. Solche Lagen bieten durch gute Drainage in der Regel auch Schutz vor der Winternässe, die viele sonnenliebende Kräuter gar nicht schätzen.

KRÄUTER ZWISCHEN DEN STUFEN

Stufen entstehen, um Höhenunterschiede zu überwinden. Pflanzen Sie an Stufen wuchernde, kriechende Kräuter wie Thymian, Katzenmelisse und Kamille (einige säen sich auch selbst aus), das schafft weiche Übergänge und verdeckt die Risse. Schneiden Sie die Pflanzen gelegentlich zurück, damit die Stufen, besonders bei feuchtem Wetter, nicht zur Gefahrenquelle werden.

FESTER TRITT
Roh behauene Steine für die Wegstufen sollten groß genug und bequem begehbar sein.

SICHERER HALT
Selbst Stufen, die nirgendwohin führen, sollte man von Moos und Flechten freihalten und nicht völlig von Pflanzen überwuchern lassen.

EINFACHE STUFEN BAUEN

Ein paar rohe Stufen schaffen im abschüssigen Fels- oder Steingarten besseren Zugang bei der Pflanzenpflege. Verwenden Sie für die Stufen abgeflachte Steine, die in Struktur und Farbe zur Umgebung passen, und zementieren Sie sie auf einem einfachen Schotterfundament fest. Stampfen Sie die Erde zwischen den Stufen fest, und bauen Sie eine Trittfläche aus runden, in eine Zementschicht eingebetteten Kieseln. Durch die Bepflanzung verschmelzen die Stufen mit der Umgebung.

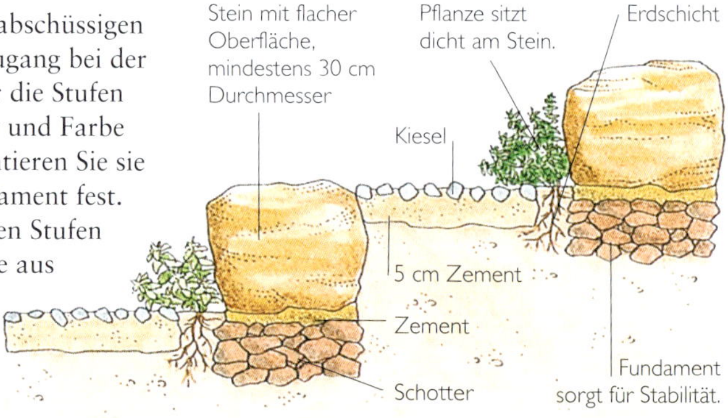

Welche Pflanze passt zu welchem Stein?

Am schönsten wirken Gärten, wenn nicht nur die verschiedenen Pflanzen gut zusammenpassen, sondern auch die Kombination mit anderen Materialien Farb- und Formkontraste ergibt. Felsen, Steine, Kiesel oder Kies sollten zu bereits Vorhandenem passen, sowohl zum Boden als auch zu den Baumaterialien. Solche Materialien bringen Pflanzen oft erst richtig zur Geltung. Sammeln Sie auf einem Spaziergang durch die Landschaft Ideen für die Planung eines natürlich wirkenden Felsgartens, der den ursprünglichen Lebensraum der Pflanzen zum Vorbild hat.

◄ MOORLANDSCHAFT

Tuff bildet einen natürlichen Hintergrund für robusten, strauchigen Thymian. In den Stein kann man Pflanzlöcher bohren; so wirkt der Garten natürlich.

TUFF

► HELL UND LUFTIG

Auf sandigem Boden baut man mit niedrigen, sonnenhungrigen Pflanzen eine Küstenlandschaft. Die goldgelben Blätter wirken warm und hell.

SANDSTEIN

◄ DUNKLE SCHÖNHEIT

Mit Schieferlandschaften assoziiert man fließendes Wasser und üppige Vegetation: Wählen Sie Kräuter mit kräftigen Blättern wie Bronzefenchel, Minze und Wermut.

SCHIEFER

Kräuter in Gefässen

Blumenkästen, Töpfe und Kübel sind ideal, wenn man Kräuter auf engstem Raum ziehen will. Stellen Sie sie dort auf, wo sie gebraucht werden oder dekorativ wirken – auf Treppen, Fenstersimsen oder auf die Balkonbrüstung. Küchenkräuter stellt man in die Nähe der Küche, Duftpflanzen verbreiten auf der Terrasse ihren Duft. Empfindliche, sonnenhungrige Kräuter wie Basilikum und Thymian brauchen einen sonnigen Platz.

Kräutergarten im Kasten

Dieses eng bepflanzte Miniatur-Kräuterbeet *(links)* lässt sich den ganzen Sommer nutzen. Die Kräuter brauchen allerdings mehr Pflege als frei ausgepflanzte. Bestücken Sie den Kasten mit krautigen Arten, die oft geerntet werden, wie Petersilie und Schnittlauch, oder nehmen Sie kleine strauchige Kräuter wie Rosmarin, Salbei, Majoran und Thymian.

Einen Blumenkasten bepflanzen

Sie brauchen:

WERKZEUG
- Pflanzschaufel
- Eimer

MATERIAL
- Blumenkasten
- Tonscherben
- grober Sand
- Blumenerde

1 **Den Boden des Kastens** mit einer Drainageschicht aus Tonscherben bedecken; für viele Kräuter besonders wichtig. (Alternative: Styroporstücke oder grober Kies)

2 **Mit der Kelle** fünf Teile Blumenerde und einen Teil groben Sand mischen.

3 **Den Kasten** zu ca. zwei Dritteln mit der Sand-Erde-Mischung füllen. So bleibt noch Platz, um kleine Kräuterpflanzen einzusetzen, und dann drücken Sie die restliche Erde um die Wurzelballen fest.

◀ GRUNDAUSSTATTUNG *In einem einzigen Gefäß lassen sich viele Küchenkräuter unterbringen.*

DIE PFLANZEN ARRANGIEREN

1 Vor dem Einpflanzen die Kräuter vor dem Kasten anordnen. Dabei die Größe und den Wuchs bedenken; z. B. überhängende Pflanzen nach vorn setzen. Die Pflanzen gut wässern und aus den Töpfen nehmen.

PFLANZEN

- 1 x Estragon
- 1 x Knolau
- 1 x Krause Minze
- 1 x Oregano
- 1 x Rosmarin
- 1 x Salbei
- 1 x Schnittlauch
- 2 x Thymian

2 Die Pflanzen erst unmittelbar vor dem Einsetzen aus dem Topf nehmen: den Topf seitlich drücken und die Pflanze vorsichtig herausziehen. Sitzt sie fest, energisch auf den Topfboden klopfen und erneut probieren.

3 Mit der Hand Pflanzlöcher machen und die Pflanzen einsetzen. Die Erde bis auf 4–5 cm unter dem Rand einfüllen, damit Platz zum Gießen bleibt. Die Erde gut andrücken, dann wässern. Während der Wachstumszeit regelmäßig gießen und beschneiden oder ernten. Am Saisonende die winterharten Kräuter in den Garten auspflanzen.

KRÄUTERKASKADE

Eine Konstruktion aus einfachen Tontöpfen, die mit ausgewachsenen Pflanzen sehr dekorativ wirkt. In der unteren Etage ranken die Pflanzen über die Seiten, silberblättriger Thymian und heller Majoran bilden eine interessante »Halskrause«. Walderdbeeren sind eine appetitliche Ergänzung.

DAS FUNDAMENT

Sie brauchen:

WERKZEUG
- Pflanzschaufel

MATERIAL
- 5 Tontöpfe mit 39, 32, 27, 21 und 16 cm Durchmesser
- Tonscherben
- Substratmischung: 5 Teile Blumenerde auf 1 Teil groben Sand

1 **Den Boden des größten Topfs** mit einer Drainageschicht aus Tonscherben bedecken. Bei Staunässe faulen die Wurzeln.

2 **Eine dicke Schicht** Substratmischung einfüllen, bis die Scherben völlig bedeckt sind. Die Oberfläche glatt streichen.

DIE TÖPFE ARRANGIEREN

1 **Den nächstgrößeren Topf** so hineinstellen, dass er an einer Seite anliegt und der Randwulst über den Rand des ersten Topfs hinausragt – eventuell Erde nachfüllen.

2 **Den zweiten Topf** in Position halten und den ersten Topf mit dem Substrat füllen, festdrücken und gegen den Topf klopfen, damit sich die Mischung verteilt.

3 **Mit den restlichen Töpfen** ebenso verfahren, bis die Kaskade fertig ist. Die Töpfe wie abgebildet asymmetrisch arrangieren, damit genug Raum zum Bepflanzen bleibt.

Die Etagen bepflanzen

Die Etagen von unten nach oben bepflanzen; genügend Zwischenraum lassen und gründlich wässern.

Pflanzen

- 2 x Basilikum
- 3 x goldblättriger Thymian
- 1 x Oregano
- 3 x silberblättriger Thymian
- 2 x Majoran
- 5 x Walderdbeeren

Weitere Kübel-Ideen

Für Kräuter eignen sich verschiedene Gefäße; sie müssen nur Abflusslöcher im Boden haben. Eine gestutzte immergrüne Pflanze in einem der Größe der Krone entsprechenden Kübel macht jahrelang Freude, wenn sie regelmäßig gedüngt und gegossen wird. Eng gepflanzte Kräuter sollte man jedes Jahr umtopfen.

Gestutzter Lorbeerbaum

Lorbeer muss nur zweimal jährlich beschnitten werden, im Frühjahr und im Spätsommer. Die Blätter bewahren ihr Aroma: Trocknen und luftdicht verschlossen aufbewahren; der Vorrat reicht wahrscheinlich fürs ganze Jahr. Gibt man im Frühjahr eine frische Substratschicht und etwas Dünger zu, wird die Pflanze weiterhin kräftig wachsen.

▶ LORBEER
Ein Lorbeer-Hochstämmchen ist ein immergrüner Blickfang, panaschierter Thymian ergibt eine dekorative Unterpflanzung.

Formschnitt mit Kräutern

Lorbeer ist für Hochstämmchen am besten geeignet, aber auch andere strauchige Kräuter lassen sich zu akkuraten Kugeln schneiden – das gilt für alle Pflanzen, die sich auch für Einfassungen eignen *(siehe S. 27)*.

Bepflanztes Erdbeerfass

Diese hübschen Pflanzgefäße sind auch für Kräuter geeignet und bieten optimale Platzausnutzung. Kaufen Sie die Kräuter in kleinen Töpfen, fassen Sie die Pflanze vorsichtig mit einer Hand, und stecken Sie den Wurzelballen durch eines der seitlichen Pflanzlöcher. Auf keinen Fall die Pflanzen mit Gewalt seitlich einstecken: Man füllt den Topf bis zur Höhe des ersten Lochs, pflanzt ein, füllt eine weitere Erdschicht ein und so weiter *(siehe unten links)*. Zum Schluss wird die oberste Schicht bepflanzt.

◄ PFLANZENPFLEGE
Tontöpfe regelmäßig von oben gießen; durch den porösen Ton trocknet die Erde um die Pflanzlöcher rasch aus.

▼ BEPFLANZEN IN ETAPPEN
Mit einer Hand die Pflanzen einschieben, mit der anderen die Erde rund um die Wurzelballen von allen Seiten andrücken.

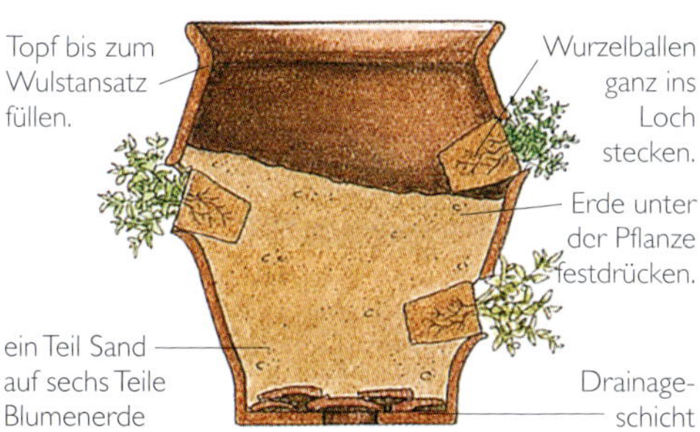

GUTE PARTNER
Walderdbeeren wuchern nicht zu stark und ergänzen sich gut mit Estragon, Rosmarin, Bohnenkraut und Majoran.

Kräuterturm

Ein hoher Drahtkorb wird zum Pflanzgefäß, wenn man ihn mit Sphagnum-Moos (bzw. spezieller Papp-, Textil- oder Schaumstoffeinlage) sowie mit am Boden vielfach durchlöcherter Plastikfolie auskleidet. Zunächst eine Lage Scherben einlegen, dann wie andere Gefäße mit durchlässigem Substrat füllen. Mit der Drahtzange Pflanzlöcher in die Seiten schneiden (nicht zu viele, sonst leidet die Stabilität), Drahtenden abkneifen oder umbiegen, damit man sich daran nicht verletzt. An den Seiten kriechende Kräuter wie Thymian einpflanzen; durch die Ranken wirkt der Topf sehr natürlich. Gut feucht halten.

PFLEGE DER KRÄUTERPFLANZEN

VORBEREITEN UND EINPFLANZEN

Kräuter haben keinen hohen Nährstoffbedarf; im umgegrabenen und unkrautfreien Boden gedeihen sie auch ohne zusätzlichen Dünger. Wählen Sie Pflanzen, die zu Ihrem Boden passen *(unten)*, und gießen Sie beim Einpflanzen und im ersten Frühjahr und Sommer gründlich, besonders in Hitzeperioden. Bei guter Vorbereitung dürften diese Pflanzen pflegeleicht und problemlos gedeihen.

WELCHE KRÄUTER FÜR WELCHEN BODEN?

Um sich Arbeit zu ersparen, sollten Sie Kräuter wählen, die auf Ihrem Gartenboden gut gedeihen. Mutterkraut, Petersilie, Schnittlauch und Minze mögen schwere Böden, sonnenhungrige Kräuter wie Rosmarin, Salbei und Lavendel dagegen eher warme, leichte Böden. Schwere Böden lassen sich verbessern *(unten)*, leichte Böden benötigen regelmäßig organischen Dünger.

PFLANZTIPP

Ist Ihr Boden für bestimmte Kräuter nicht geeignet, ziehen Sie sie besser im Gefäß. Robuste, sonnenhungrige Kräuter fühlen sich in leichtem, sandigem Substrat wohl und vertragen es sogar, wenn man sie im Sommer etwas vernachlässigt. Krautige Pflanzen wie Petersilie brauchen reichlich Wasser.

DIE DRAINAGE VERBESSERN

Mediterrane Kräuter bevorzugen einen durchlässigen, steinigen Boden. Lehmböden setzt man reichlich Sand oder Perlit zu: Er wird vor dem Bepflanzen über den ganzen Bereich verteilt oder um die Pflanzlöcher herum eingearbeitet. Verwenden Sie keinen feinen Bausand (der klumpt und verdirbt die Bodenstruktur), sondern groben Sand – er nennt sich auch Blumensand – oder kalkfreien Perlit (im Gartencenter beim Zubehör für Alpenpflanzen oder Steingärten), denn viele Kräuterpflanzen vertragen keinen Kalk.

GROBER SAND

PERLIT

SAND EINARBEITEN
Vor dem Bepflanzen das Drainagematerial gut untermischen. Je schwerer der Boden, desto mehr benötigt er.

JUNGPFLANZEN PLATZIEREN UND SETZEN

Eine dichte Bepflanzung füllt die Beete schneller, macht aber mehr Arbeit, sobald die Pflanzen zu wuchern beginnen. Bei großen Abständen macht sich rasch Unkraut breit. Lesen Sie auf dem Etikett nach, wie hoch und breit die Pflanze wird, und halten Sie entsprechende Abstände ein.

TIPPS FÜR KLEINE BEETE

- Stark wuchernde Pflanzen herausnehmen und teilen oder sogar ersetzen. Durch Zurückschneiden wuchern sie nur stärker.
- Suchen Sie nach kleineren oder langsamer wachsenden Sorten der gewünschten Kräuter.

ARRANGIEREN UND SETZEN
Kräuter zunächst in Töpfen aufstellen, dabei die endgültige Größe berücksichtigen, auch an den Beeträndern. Die Kräuter wässern, setzen, Erde andrücken, noch einmal wässern.

WUCHERNDE KRÄUTER IM ZAUM HALTEN

Manche Kräuter, vor allem Melisse, wachsen sehr schnell und überwuchern andere Pflanzen. Am besten bändigt man sie durch das Einpflanzen in einen versenkten Topf, aus dem keine Wurzeln herauswachsen können. Die Pflanzen in jedem Frühjahr teilen, den Topf mit frischer Erde oder Kompost füllen, wieder einpflanzen.

1 **Ein ausreichendes Loch** für ein großes Gefäß mit Abfluss graben. Die Pflanze einsetzen und mit Erde füllen.

2 **Die Kräuterpflanze einpflanzen** und fest andrücken. Den Topfrand mit Erde kaschieren, gut wässern.

WUCHERNDE KRÄUTER

Beinwell
Estragon (v. a. russischer)
Majoran
Minze
Melisse
Thymian
Waldmeister

Auf kleinem Raum bändigen und häufig teilen *(siehe S. 57)*.

KRÄUTERPFLEGE

Gesunde Jungpflanzen wachsen rasch und benötigen wenig Pflege, wenn man sie sachgerecht in gut vorbereiteten Boden setzt. In den ersten Wochen reichlich gießen; wird der Boden lediglich angefeuchtet, dringen die Wurzeln nicht tief genug ins Erdreich ein. Ist die Pflanze gut angewachsen, ernten Sie regelmäßig Blätter und Triebe, damit sie buschig wächst.

SCHNITT GESUNDER PFLANZEN

Nur wenige Kräuter brauchen Dünger, wer jedoch viel und oft erntet, muss etwas düngen. Krautige Pflanzen verzweigen sich üppig, wenn man die Spitzen ausgeizt, strauchige Kräuter dagegen müssen ein- bis zweimal pro Jahr beschnitten werden, damit sie die Form behalten. Bei einigen muss man die Blütenknospen abkneifen, weil sich sonst der Geschmack verändert.

PFLANZTIPPS

- Neugepflanzte Kräuter erst ernten, wenn sie angewachsen sind und neue Triebe bilden.
- Lieblingsküchenkräuter so reichlich pflanzen, dass sie nicht durch zu häufige und zu starke Ernte leiden.
- Kräuter im Gefäß bei Hitze und Wind ausreichend gießen.

STUTZEN
Silberblättrige Kräuter wie Lavendel zweimal jährlich zurückschneiden. Im Herbst verwelkte Blüten und dürre Stiele abschneiden. Im Frühjahr mindestens 2,5 cm vom alten Holz kappen, aber Blatttriebe stehen lassen.

SO BLEIBEN KRÄUTER IN FORM

KNOSPEN ENTFERNEN
Blütenknospen abkneifen, damit die Blätter nicht bitter schmecken:

Basilikum, Estragon, Liebstöckel, Petersilie, Pimpinelle, Rauke.

Bei **Schnittlauch** fördert es den Blattwuchs, aber die Blütenköpfe eignen sich für Salate.

WELKE BLÜTEN
Verblühtes abkneifen, um die Aussaat zu verhindern:

Borretsch, Dill, Engelwurz, Fenchel, Knolau, Mutterkraut, Nachtkerze, Zitronenmelisse.

Um die Blütezeit zu verlängern:

Borretsch, Kapuzinerkresse, Katzenmelisse, Ringelblume.

AUSGEIZEN
Spitzen ausgeizen oder regelmäßig ernten:

Basilikum, Liebstöckel, Majoran, Minze, Petersilie, Pimpinelle, Salbei, Süßdolde, Thymian, Zitronenmelisse.

Bei **Zitronenmelisse, Schnittlauch** und **Minze** schneidet man auch lange Triebe zurück.

SCHNITT
Zweimal jährlich zurückschneiden, damit die Pflanze in Form bleibt:

Heiligenkraut, Lavendel, Sandstrohblume, Winterbohnenkraut.

Während der Wachstumszeit ein- bis zweimal fast bodeneben zurückschneiden:

Engelwurz, Fenchel, Majoran, Minze.

Kräuter für den Winter

Die meisten Kräuter lassen sich von Frühjahr bis Herbst ernten und legen dann eine Winterpause ein, einige kann man jedoch auspflanzen *(unten)* und im Topf am Fenster oder im Wintergarten ziehen. Töpfe mit im Spätsommer ausgesäten Kräutern wie Koriander und Petersilie gedeihen auf einer warmen, sonnigen Fensterbank sehr gut. Immergrüne Kräuter wie Lorbeer kann man auch im Winter aus dem Garten ernten.

TÖPFE AUS DEM SUPERMARKT

Mit Kräutertöpfchen aus dem Supermarkt kann man Wintervorräte auffrischen, aber auch neue Pflanzen ziehen. In den Töpfen sind viele Pflanzen dicht zusammengepresst, die auf so engem Raum nicht lange überleben können. Nehmen Sie sie vorsichtig aus dem Topf und teilen Sie sie. Topfen Sie sie ein, wässern sie gründlich und stellen Sie sie auf ein helles Fensterbrett.

1 **Die Kräuter,** die im Winter absterben, für den Wintervorrat ausheben. An trockenen Frühherbsttagen mit der Forke ein Kräuterbüschel *(hier Schnittlauch)* im Garten ausheben.

2 **Das Büschel** mit den Händen in kleinere Stücke teilen. Notfalls mit einem scharfen Gartenmesser nachhelfen. Lose Erde aus den Wurzeln schütteln.

3 **Einzelne Teile** in Töpfe oder tiefe Schalen mit Blumentopferde pflanzen. Auf eine Untertasse oder einen Untersetzer mit Wasser stellen und vollsaugen lassen.

4 **Das Grün** zurückschneiden. Sind die Blätter ca. 10 cm lang, regelmäßig ernten, um den neuen Wuchs zu fördern.

WINTERKRÄUTER

Immergrüne, die man auch im Winter draußen ernten kann:

Lorbeer, Rosmarin, Salbei, Thymian, Winterbohnenkraut.

Kräuter zum Ausheben für das Fensterbrett:

Duftpelargonie, Estragon, Majoran, Minze, Petersilie, Schnittlauch.

Kräuter zum Aussäen für das Fensterbrett:

Basilikum, Brunnenkresse, Kapuzinerkresse, Kerbel, Koriander, Petersilie, Rauke, Zitronenmelisse.

Pflanzen selbst ziehen

Die meisten Kräuter lassen sich aus Samen ziehen – diese Methode ist preiswert und ertragreich. Aus Stecklingen zieht man Pflanzen, die identisch mit der Mutterpflanze sind. Teilen ist einfach und hält wuchernde Pflanzen im Zaum. Neugezogene Pflanzen kann man auspflanzen, sobald die Wurzelspitzen bis zum Topfboden reichen.

Aussaat

Samen sät man entweder in Töpfe und pflanzt die Kräuter anschließend aus oder direkt ins Beet; beachten Sie die Hinweise auf der Verpackung. Auch zwischen den Fugen von Steinplatten kann man Samen ausstreuen. Die beste Zeit zur Aussaat ist das Frühjahr, robuste Einjährige wie Borretsch lassen sich auch im Herbst aussäen.

1 **Die Blumenerde** leicht andrücken und die Samen ausstreuen. Dünn mit durchgesiebter Erde bestreuen. Gut wässern; eine Gießkanne mit feiner Brause benutzen.

2 **Die Schale** ohne direkte Sonneneinstrahlung aufstellen, regelmäßig gießen oder besprühen. An kalten Tagen durchlöcherte Plastiktüte überstülpen, das sorgt für eine höhere Bodentemperatur. Wenn die Sämlinge erscheinen, auf ca. 5 cm Abstand ausdünnen.

3 **Sobald die ersten Blätter** voll entwickelt sind, die Sämlinge behutsam herausziehen und in kleine Töpfe mit frischer Erde pflanzen, dabei vorsichtig an den Blättern fassen. Wieder ins Fenster oder Frühbeet stellen, bis sie groß genug zum Auspflanzen sind.

Vermehrung durch Kopfstecklinge

Viele strauchige Kräuter lassen sich aus geschnittenen Stecklingen ziehen. Nach sechs bis acht Wochen kontrollieren, ob sich Wurzeln gebildet haben; in diesem Fall die Stecklinge in Einzeltöpfe umsetzen und auspflanzen, sobald sie groß genug sind.

1 **Die blütenlose Triebspitze** *(hier Zitronenmelisse)* direkt unterhalb eines Blattpaares abschneiden. Untere Blätter entfernen.

2 **Mit einem Pikierholz** Löcher bohren, die Stecklinge in festgedrückte Anzuchterde setzen. Andrücken und wässern.

3 **Ein Zelt** aus Stäben und durchlöcherter Plastiktüte sorgt für eine gleichmäßige Temperatur und hohe Luftfeuchtigkeit.

Teilen und Vermehren

Durch Teilen lassen sich bei vielen Kräutern aus alten, verholzten und nicht mehr ertragreichen Pflanzen neue ziehen. Kräuter teilt man am besten im zeitigen Frühjahr oder Frühherbst und nicht während der Wachstumsphase. Frosttage sollte man meiden, da die Teilstücke in sehr kaltem Boden nur schwer anwachsen.

1 **Die Forke** tief unter der Pflanze einstechen und sie ganz herausheben, dabei die Wurzeln nicht verletzen.

2 **Die Triebe** an den gewünschten Teilen zurückschneiden, aber unbedingt einige Blätter stehen lassen.

3 **Die Pflanze teilen;** nur jüngere, gesunde Teile mitsamt den Wurzeln weiter verwenden.

4 **Die Teile** in ausreichendem Abstand einpflanzen. Den Boden gut feucht halten, bis sie angewachsen sind.

Vermehren durch Anhäufeln

Die Stiele strauchiger Kräuter wie Thymian und Salbei bilden neue Wurzeln, wenn man im Frühjahr um die Pflanze eine Mischung aus Erde, Sand und Kompost anhäufelt, so dass nur die Triebspitzen zu sehen sind. Im Spätsommer oder Herbst schneidet man die bewurzelten Triebe ab, topft sie ein oder pflanzt sie aus.

Vermehrungsmethoden beliebter Kräuter

Aus Samen ziehen		Stecklinge	Teilen
Basilikum	**Petersilie**	**Estragon**	**Estragon**
Bohnenkraut	**Rauke**	**Lavendel**	**Fenchel**
Borretsch	**Ringelblume**	**Lorbeer**	**Goldmelisse**
Dill	**Salbei**	**Majoran**	**Liebstöckel**
Engelwurz	**Sauerampfer**	**Minze**	**Majoran**
Fenchel	**Schnittlauch**	**Rosmarin**	**Minze**
Kapuzinerkresse	**Süßdolde**	**Salbei**	**Schnittlauch**
Kerbel	**Thymian**	**Thymian**	**Thymian**
Koriander	**Ysop**	**Winterbohnenkraut**	**Zitronenmelisse**
Liebstöckel	**Zitronenmelisse**	**Ysop**	
Majoran		**Zitronenstrauch**	

KRÄUTER KONSERVIEREN

Viele Kräuter kann man trocknen und vielseitig verwenden, vom Potpourri bis zum *bouquet garni* in Wintereintöpfen. Mit frisch konservierten Kräutern holt man sich das ganze Jahr Sommerdüfte und -aromen ins Haus. Verwenden Sie nur gesunde Triebe aus der Wachstumsphase; im Herbst sollte man krautige Pflanzen abernten, bevor sie absterben oder bei Frost eingehen.

KRÄUTER ZUM TROCKNEN

Kräuter aus heißen Klimazonen wie Salbei, Rosmarin und Thymian lassen sich besonders gut trocknen. Krautige Pflanzen wie Basilikum verlieren beim Trocknen an Geschmack. Kräuter trocknet man an der Luft in einem gut durchlüfteten Raum. Man hängt sie auf oder breitet sie auf einem Rost aus. Andere Trocknungsmethoden: in der Mikrowelle auf höchster Stufe in etwa vier Minuten oder langsam im Backofen auf niedrigster Stufe. Am aromatischsten bleiben Estragon, Fenchel, Liebstöckel, Minze, Rosmarin, Salbei und Thymian, wenn man sie vor der Blüte erntet, Ysop und Majoran während der Blütezeit und bei Fenchel und Kümmel erntet man auch die würzigen Samen.

ERNTE AUS DEM GARTEN
Zum Konservieren pflückt man die Kräuter frühmorgens. Die Blätter nicht zerdrücken, damit die ätherischen Öle erhalten bleiben.

1 Die meisten Kräuter *(hier Zitronenmelisse)* lassen sich am leichtesten im Ganzen trocknen. Zu kleinen Sträußen binden und umgekehrt in gut belüftetem Raum aufhängen.

2 Trockene Blätter von den Stielen auf Papierbögen streifen. Wird die ganze Pflanze verwendet, die Stücke zwischen den Fingern zerbröseln.

3 Die getrockneten Kräuter in luftdichte Behälter füllen. Man verwendet stets farbiges Glas – sonst kommt es zur Oxidation, und der Geschmack leidet.

BELIEBTE KRÄUTER ZUM TROCKNEN

Bohnenkraut Blätter
Borretsch Blätter
Dill Blätter und Samen
Duftpelargonie Blätter
Engelwurz Stiele, Blätter und Samen
Estragon Blätter
Fenchel Blätter und Samen
Goldmelisse Blätter und Blüten
Kamille Blüten
Katzenmelisse Blätter und Blüten
Kerbel Blätter
Koriander Samen und Blätter
Lavendel Blüten
Liebstöckel Blätter und Samen
Lorbeer Blätter
Majoran Blätter und Blüten
Minze Blätter
Ringelblume Blüten
Rosmarin Blätter
Salbei Blätter und Blüten
Sandstrohblume Blätter und Blüten
Schafgarbe Blätter und Blüten
Schnittlauch Blätter und Blüten
Thymian Blätter und Blüten
Zitronenmelisse Blätter
Zitronenstrauch Blätter

ANDERE METHODEN

Krautige Pflanzen wie Basilikum, Dill, Fenchel, Kerbel und Schnittlauch bewahren auch tief gefroren ihr Aroma. In kleine Plastiktüten oder Eiswürfelbehälter legen, gegebenenfalls klein geschnitten, mit Wasser auffüllen und einfrieren. Sehr aromatische Kräuter lassen sich in Öl, Essig, Sirup oder Alkohol einlegen und geben dann den Geschmack an die Flüssigkeit ab. Kräuteressig hält sich jahrelang und wird mit dem Alter immer milder. Nehmen Sie dazu guten Wein- oder Apfelessig.

GEFRORENE ZWEIGE
Tief gefroren lassen sich Kräuter sehr gut konservieren. Ganze Triebe in eine Plastiktüte stecken, verschließen, einfrieren.

KRÄUTEREISWÜRFEL
Einige Kräuter wie Borretsch und Minze schmecken gut in Getränken. Klein hacken (Blüten ganz lassen), in Eisbehälter geben, mit Wasser füllen und einfrieren.

KRÄUTER IN ESSIG
Dieser Essig, mit Dill und Sternanis aromatisiert, schmeckt köstlich an Salatsaucen oder Fischgerichten. Kräuter vor dem Einfüllen leicht zerdrücken. Mit Essig auffüllen und mindestens drei Wochen ziehen lassen.

KLEINES KRÄUTERLEXIKON

Im Kräuterlexikon finden Sie einige der beliebtesten Kräuter beschrieben, dazu Vorschläge für die Verwendung in Garten und Küche sowie Tipps zur Konservierung und Vermehrung. Die Symbole geben Auskunft über Ansprüche und Frosthärte der einzelnen Kräuter.

☼ *Standort vollsonnig* ◐ *Standort halbschattig* ● *Standort schattig* ◇ *durchlässiger Boden* ◈ *feuchter Boden* ♦ *schwerer Boden* ❄ *bedingt frosthart* ❄❄ *frosthart* ❄❄❄ *voll frosthart* 🏆 *RHS Auszeichnung der Royal Horticultural Society* **Groß** *größer als 1,20 m* **Mittel** *60–120 cm* **Klein** *bis 60 cm*

A

Achillea millefolium
Schafgarbe
Kleine, Matten bildende, mehrjährige Staude, im Sommer weiße, gelbliche oder rosa Blütenköpfe. Die farnartigen, graugrünen Blätter verströmen beim Zerdrücken ihren Duft. Pinkfarbene oder rote

ROSA BLÜHENDE SCHAFGARBE 'LILAC BEAUTY'

Schafgarben sind dekorative Beetpflanzen.
Verwendung: Medizinisch: bei Menstruationsbeschwerden, krampflösend. Konservierung durch Trocknen.
Kultur: Neigt zur Ausbreitung. Teilen im Herbst oder Frühjahr, Aussaat im Frühjahr.
☼ ◇ ❄❄❄

Agastache anethiodora
Anisysop
Die blauvioletten Ähren blühen vom Hochsommer bis zum Frühherbst. Die mittelgroße, mehrjährige Staude ist eine dekorative Beetpflanze.
Verwendung: Die nach Anis schmeckenden Blätter in Salaten oder als Süßmittel. Medizinisch: gegen Husten. Konservierung durch Trocknen.
Kultur: Braucht in kalten Gegenden eine geschützte Lage zum Überwintern. Aussaat und Teilen im Frühjahr, Vermehren durch Stecklinge im Frühsommer.
☼ ◇ ❄❄

Agrimonia eupatoria
Odermennig
Mittelgroße, mehrjährige Staude, im Sommer schlanke Ähren aus kleinen, süß duftenden gelben Blüten. Zieht Bienen an.
Verwendung: Getrocknete Blüten geben Potpourris Honigduft. Medizinisch: bei leichten Verdauungsbeschwerden, Heiserkeit und Katarrh.
Kultur: Aussaat im Frühjahr, Teilen im Frühjahr oder Herbst.
☼ ◇ ❄❄❄

ODERMENNIG

◀ SCHÖN *Buchs und die Blüten von* Allium *harmonisieren mit rotem Salbei und Lavendel.*

ALLIUM: Schnittlauch, Knoblauch, Zwiebeln

Manche Sorten zieht man wegen der Blüten, andere als Gewürz. Einige spielen beide Rollen.

A. schoenoprasum
Schnittlauch
Kleine, mehrjährige Pflanze, blüht im Frühsommer mit meist rosavioletten Blütenkugeln. Die röhrenförmigen Blätter schmecken leicht zwiebelartig.
Verwendung: Blätter für Salate, Saucen und anderes. Konservierung durch Gefrieren oder Trocknen.
Kultur: Aussaat im Frühjahr, Teilen im Herbst oder Frühjahr. Gut im Gefäß zu ziehen. Für den Winter *siehe S. 55.*
☀ 💧💧 ❄❄❄

A. tuberosum
Schnittknoblauch, Knolau
Im Spätsommer gesellen sich zu den riemenförmigen, nach Knoblauch schmeckenden Blättern weiße Blütendolden. Kleine, mehrjährige Pflanze.

SCHNITTLAUCH

BÄRLAUCH

Verwendung: wie Schnittlauch.
Kultur: wie Schnittlauch.
☀ 💧💧 ❄❄❄

A. sativum
Knoblauch
Mittelgroße, mehrjährige Zwiebelpflanze; wird sie nicht geerntet, bilden sich im Sommer Dolden aus Glockenblüten.
Verwendung: Die Zwiebeln werden weltweit in der Küche verwendet. Medizinisch: blutdrucksenkend und verdauungsfördernd.
Kultur: Ernte im Spätsommer und Frühherbst. Einzelne Zehen im Herbst oder Winter einpflanzen.
☀ 💧 ❄❄❄

Andere Allium-Sorten
Zwiebel, *A. cepa*: unentbehrlich in der Küche, aber auch zum Färben geeignet.
Bärlauch, *A. ursinum*: Mehrjährige Pflanze für halbschattige Wildblumengärten. Im späten Frühjahr weiße Blüten.

Aloysia triphylla 🏆
Zitronenstrauch
Die Blätter dieses mittelgroßen, Laub abwerfenden Strauchs verströmen einen starken Zitronenduft. Im Sommer erscheinen Ähren aus winzigen weißen Blüten.
Verwendung: Mit den frischen Blättern aromatisiert man Getränke, süße und pikante Gerichte. Getrocknete Blätter für Aufgüsse.
Kultur: In kalten Regionen im Gewächshaus oder Wintergarten überwintern. Für die Zucht in Töpfen geeignet.
☀ 💧 ❄❄

Ampfer *siehe Rumex*

Ananassalbei *siehe Salvia*

Anethum graveolens
Dill
Mittelgroße, einjährige Pflanze mit gefiederten Blättern und gelben Blütendolden.
Verwendung: Blätter und Samen würzen Kartoffel-, Eier- und Fischgerichte. Medizinisch: verdauungsfördernd. Blätter trocknen oder einfrieren, Samen trocknen.
Kultur: Aussaat kontinuierlich im Frühjahr und Sommer.

DILL

ENGELWURZ

Bei trockenem Boden vorschnelle Reife.

Angelica archangelica
Engelwurz
Große, aufrecht wachsende Pflanze, im Sommer Dolden aus winzigen grünlich gelben Blüten. Meist zweijährig.
Verwendung: Die aromatischen Blätter werden als Salat gegessen oder als Tee aufgegossen. Medizinisch: die Wurzeln bei Bronchitis und Verdauungsbeschwerden.
Kultur: Aussaat direkt ins Beet, im Frühjahr oder sobald die Samen reif sind. Durch Abschneiden der Blütenköpfe verhindert man die Selbstaussaat.

Anisysop *siehe Agasta*

Anthriscus cerefolium
Kerbel
Kleine, hübsche, einjährige Pflanze mit gefiederten Blättern, im Hochsommer winzige weiße Blüten. Gedeiht gut an kühlen Plätzen.
Verwendung: Die nach Anis schmeckenden Blätter sind

KERBEL

traditioneller Bestandteil der fines herbes in der französischen Küche; sie passen zu Kartoffel-, Eier- oder Fischgerichten. Medizinisch: gegen Blasenleiden. Blätter gefrieren oder trocknen.
Kultur: Kontinuierliche Aussaat von Frühjahr bis Herbst sorgt für ständigen Nachschub.

Apium graveolens
Sellerie
Die mittelgroße Pflanze mit gefiederten Blättern trägt Dolden aus winzigen, grünlich weißen Blüten. Ein- oder zweijährig. Geeignet für bunte Kräutergärten.
Verwendung: Als Gemüse, Salat oder Küchenkraut, bisweilen zum Aromatisieren von Salz. Medizinisch: verdauungsfördernd.
Kultur: Aussaat im Frühjahr.

Artemisia
Beifuß-Gewächse
Die meisten Artemisia-Arten besitzen aromatische, gefiederte, silbrige oder graugrüne Blätter, viele werden als reine Zierpflanzen gezogen. Sie gedeihen in sonnigen Lagen auf mageren Böden.

A. dracunculus
Estragon
Großer, aufrechter, mehrjähriger Halbstrauch mit schmalen grünen Blättern. Der russische Estragon *(A. dracunculoides)* ist robuster, hat ein derberes Aroma und neigt zur Ausbreitung.
Verwendung: Besonders lecker an Hühner- und Eiergerichten. Blätter vor der Blüte ernten. Trocknen oder einfrieren.
Kultur: In strengen Wintern Winterschutz anbringen. Vermehren durch Stecklinge oder Teilen im späten Frühjahr oder Frühsommer.

Weitere Artemisia-Arten
A. abrotanum, Eberraute: aufrechter Strauch, meist zweijährig, mit fiederteiligen, aromatischen, graugrünen Blättern. Im zeitigen Frühjahr zurückschneiden.
A. absinthium, Wermut: mittelgroße, holzige mehrjährige Staude. Medizinisch: bei Blähungen. Für Mischbeete geeignet.
A. ludoviciana, Weißer Beifuß: mittelgroße, starkwüchsige, mehrjährige Staude mit schönen silbrig weißen Blättern.

RUSSISCHER ESTRAGON

BORRETSCH

B

Bärlauch *siehe Allium*

Beifuß *siehe Artemisia*

Beinwell *siehe Symphytum*

Bohnenkraut *siehe Satureja*

Borago officinalis
Borretsch
Mittelgroße bis große einjährige Pflanze, ideal für lockere Bepflanzung. Im Sommer blaue, sternförmige Blüten, Gurkenkraut.
Verwendung: Frische Blätter und Blüten gibt man zu Salaten und Getränken, z. B. Bowle. Die Blüten lassen sich kandieren. Medizinisch: sehr gut gegen Erkältungen. Blätter trocknen oder einfrieren; Blüten in Eiswürfeln einfrieren.
Kultur: Aussaat im Frühjahr oder Herbst. Verwelkte Blütenköpfe abschneiden, um die Selbstaussaat zu verhindern.
☼ ◊ ❄❄❄

Buxus
Buchs, Buchsbaum
Langsam wachsender, immergrüner Strauch, häufig in ornamentalen Kräutergärten zur Einfassung verwendet, gut zum Formschnitt geeignet. Ein Klassiker für niedrige Hecken ist 'Aureovariegata' mit silbern bzw. golden panaschierten Blättern.
Verwendung: Die Blätter sind bei Verzehr giftig.
Kultur: Regelmäßig in Form schneiden; ohne Schnitt wächst die Pflanze zum großen Strauch (oder kleinen Baum) heran.
☼ ◊ ❄❄❄

C–D

Calendula officinalis
Ringelblume
Die kleine, farbenfrohe, einjährige Pflanze blüht im Sommer und Herbst gelb oder orangefarben, es gibt aber auch pastell- oder dunkelgetönte Sorten.
Verwendung: Die frischen oder getrockneten Blüten geben Speisen scharf-würzigen Geschmack und goldgelbe Farbe. Die Blätter schmecken gut im Salat. Medizinisch wirkt die Pflanze entzündungshemmend und antiseptisch; sie wird zahlreichen Lotionen zugesetzt. Konservierung durch Trocknen.
Kultur: Aussaat im Herbst oder Frühjahr direkt ins Beet. Abgeblühtes entfernen um Selbstaussaat zu verhindern.
☼ ◊ ❄❄❄

Carum carvi
Kümmel
Kleine bis mittelgroße, aufrechte, zweijährige Pflanze mit fiedrigen, aromatischen, hellgrünen Blättern. In langen, warmen Sommern bilden sich in den aus winzigen weißen Blüten zusammengesetzten Dolden kleine, 5rillige braune Samen.
Verwendung: Die jungen Blätter geben Salaten und Suppen ein mildes, dillartiges Aroma. Die stark aromatischen Samen sind in der Küche beliebt, vor allem für Brot und Gebäck. Medizinisch wird Kümmel bei Verdauungsstörungen eingesetzt.
Kultur: Aussaat vom späten Frühjahr bis Spätsommer direkt ins Beet. Selbstaussaat möglich. Lässt sich im Topf ziehen.
☼ ◊ ❄❄❄

RINGELBLUME

KÜMMEL

Chamaemelum nobile
Römische Kamille
Die fiedrigen Blätter dieser kleinen, mehrjährigen Pflanze duften stark beim Zerreiben. Im Sommer trägt sie weiße Blütenköpfe. Die gefülltblühende 'Flore Pleno' eignet sich für hübsche Einfassungen, niedrige Sorten eher für kleine Rasenstücke (nicht stark belastbar) oder Böschungen.
Verwendung: Aus den Blüten wird ein beruhigender Tee zubereitet. Medizinisch wirkt sie entzündungshemmend und gegen Bronchitis. Blüten durch Trocknen konservieren.
Kultur: Im Frühjahr teilen oder direkt ins Beet säen.
☼ 💧 ❄❄❄

Coriandrum sativum
Koriander
Aufrechte, kleine bis mittelgroße, einjährige Pflanze mit fiederteiligen Blättern. Vom Hochsommer bis zum Herbst aus winzigen weißen Blüten zusammengesetzte Dolden, aus denen sich kugelige, blassbraune Samen bilden.
Verwendung: Die frischen, scharfwürzigen Blätter vor allem in der Küche. Mit den Samenkörnern würzt man zahlreiche Gerichte. Medizinisch setzt man sie bei Verdauungsproblemen ein. Das Öl wirkt lindernd bei Gelenkschmerzen. Blätter einfrieren, Samenkörner trocknen.
Kultur: Von Frühjahr bis Frühsommer direkt ins Beet aussäen. Zur Samengewinnung an vollsonnigem Standort ziehen, zur Blatternte im Halbschatten, sonst bilden sich Samen, aber kaum Blätter.
☼ ◐ 💧 ❄❄❄

KORIANDER

Crocus sativus
Safran
Ein kleiner Krokus, der nur in langen, heißen Sommern zur Blüte gelangt.
Verwendung: Die langen, orangefarbenen Samenfäden im Blütenkelch ergeben das Gewürz, das mediterranen Gerichten wie Paella und Risotto Würze und die goldgelbe Farbe verleiht.
Kultur: Vermehrung durch Teilen der Knollen im späten Frühjahr.
☼ 💧 ❄❄❄

Dill *siehe Anethum*

Dost *siehe Origanum*

SAFRAN

RAUKE

Duftminze *siehe Mentha*

E

Eberraute *siehe Artemisia*

Eisenkraut *siehe Verbena*

Engelwurz *siehe Angelica*

Eruca vesicaria* subsp. *sativa
Rauke, (ital. Ruccola)
Sehr beliebt für Salate; die Blätter der schnellwüchsigen, kleinen bis mittelgroßen, einjährigen Pflanze sind einen Monat nach der Aussaat zu ernten.
Verwendung: Die Blätter geben Salaten und Saucen ein pfeffriges Aroma. Junge Blätter pflücken, später wird der Geschmack derber.
Kultur: Aussaat von Winter- bis Sommeranfang, dann wieder im Spätsommer. Sät sich selbst aus. In Töpfen zu ziehen.
☼ ◐ 💧 ❄❄

Essigkraut *siehe Hysoppus*

Estragon *siehe Artemisia*

F–G

Färberwaid *siehe Isatis*

Feldthymian *siehe Thymus*

Fenchel *siehe Foeniculum*

Filipendula ulmaria
Mädesüß
Elegante, mittelgroße, mehrjährige Staude für feuchte Gärten; wächst oft wild auf Feuchtwiesen. Die winzigen cremeweißen Blüten verströmen einen süßen Duft; die gefiederten, dunkelgrünen Blätter duften strenger. 'Variegata' hat gelb panaschierte Blätter, die bei Einsetzen der Blüte verblassen.
Verwendung: Medizinisch: zur Schmerzlinderung und bei Magenbeschwerden, hat harn- und schweißtreibende Wirkung. Die getrockneten Blüten und Blätter nimmt man zu Potpourris.

MÄDESÜSS

FENCHEL

Kultur: Pflanze im Herbst oder Frühjahr teilen.

Foeniculum vulgare
Fenchel
Eine große Pflanze mit fiedrigen Blättern, die im Garten zart und elegant wirkt. Im Sommer trägt sie Dolden aus winzigen weißen Blüten. 'Purpureum' mit seinen bronzepurpurnen Blättern wirkt besonders dekorativ. Ein- oder mehrjährig.
Verwendung: Die Blätter und Samen finden häufig in der Küche Verwendung, die Blätter vor allem bei fetten Fischgerichten. Medizinisch: gegen Husten und zur Verdauungsförderung. Blätter einfrieren oder trocknen, Samen trocknen.
Kultur: Aussaat im Frühjahr. Pflanze sät sich stark selbst aus.

Fragaria vesca
Walderdbeere
Niedrige, mehrjährige Pflanze, die nach den weißen Blüten im Sommer kleine, süße Früchte trägt. Lässt sich in Töpfen sowie in gemischten Beeten oder Rabatten ziehen. Sehr hübsch als Wegeinfassung.
Verwendung: Die Früchte schmecken frisch am besten oder lassen sich als Marmelade oder Gelee konservieren. Medizinisch: Vitaminspender; die getrockneten Blätter und Wurzeln helfen bei Magen- und Darmstörungen.
Kultur: Aussaat im Frühjahr. Boden vorher mit organischen Nährstoffen wie Kompost anreichern. Die Pflanzen sollten nach einigen Jahren ersetzt werden.

Galium odoratum
Waldmeister
Kleine, Matten bildende, mehrjährige Pflanze, im Frühjahr und Frühsommer weiße, sternförmige Blüten. Im Schatten guter Bodendecker.
Verwendung: Die getrockneten Blätter duften nach

WALDMEISTER

SONNENBLUME

frischem Heu und werden für Potpourris und Duftkissen verwendet. Die frischen Blätter nimmt man zur Maibowle. Medizinisch wirken sie als mildes Schlafmittel.
Kultur: Zur Vermehrung im Frühjahr teilen.

Gamander *siehe Teucrium*

Goldmelisse *siehe Monarda*

H

Heiligenkraut *siehe Santolina*

Helianthus annuus
Sonnenblume
Mit riesigen Sommerblüten ist diese große, einjährige Pflanze eine auffallende Erscheinung im Kräutergarten.
Verwendung: Die Kerne schmecken roh oder geröstet gut, die daraus gezogenen Sprossen gut im Salat. Medizinisch: die Blüten und Samen bei Husten und Magenproblemen. Im Herbst ernten.
Kultur: Besonders groß werden die Pflanzen, wenn man vor der Aussaat mit Mist oder Kompost düngt. Aussaat direkt ins Beet ab dem späten Frühjahr.

Helichrysum arenarium
Sandstrohblume
Kleiner bis mittelgroßer, immergrüner Strauch mit silbrigen, schmalen Blättern. Im Sommer bis Herbst kleine gelbe Blütenköpfchen. *H. arenarium* 'Nanum' ist eine Zwergform.
Verwendung: Die getrockneten Blüten und Blätter passen in Potpourris.
Kultur: Im Frühjahr zurückschneiden, damit die Pflanze ihre Form behält. In kalten Regionen übersteht die Pflanze den Winter am ehesten auf durchlässigem Boden. Aussaat im Herbst oder Frühjahr.

SANDSTROHBLUME (*H. ARENARIUM* 'NANUM')

Hypericum perforatum
Johanniskraut
Im Sommer trägt diese mehrjährige, mittelgroße Staude sternförmige gelbe Blüten. In den Blättern ist das Öl enthalten, das zu pflanzlichen Heilmitteln verarbeitet wird.
Verwendung: Medizinisch: bei Verbrennungen, Blutergüssen und Zerrungen; auch bei nervöser Anspannung.
Achtung: Die Blätter sind bei Verzehr giftig.
Kultur: Aussaat im Frühjahr, Vermehrung durch Stecklinge im Frühjahr oder Herbst.

JOHANNISKRAUT

WEISSBLÜHENDER YSOP (*H. OFFICINALIS* FO. *ALBUS*)

Hyssopus officinalis
Ysop, Essigkraut
Eine sehr hübsche kleine, halbimmergrüne Staude. Die Blüten in verschiedenen Blautönen an ährenartigen Blütenständen erscheinen von Hochsommer bis Herbst. Die Unterart *H. officinalis aristatus* ist ein Zwerg-Ysop, geeignet für Steingärten oder als niedrige Einfassung.
Verwendung: Getrocknete Blütenköpfe und junge Blätter eignen sich für Potpourris. Die Blätter schmecken recht bitter und werden sparsam bei Kalb- und Wildgerichten sowie bei Bohnen und Salaten verwendet. Medizinisch: bei Magen- und Darmstörungen.
Kultur: Im Frühjahr durch Rückschnitt in Form bringen. Aussaat Frühling.
☼ ◊ ❄❄❄

I–K

Ingwerminze *siehe Mentha*

Isatis tinctoria
Färberwaid
Große, ein- oder zweijährige Staude mit Pfahlwurzeln. Sie wurde lange Zeit wegen ihres blauen Farbstoffs angebaut. Sie hat graugrüne Blätter und gelbe Blütenrispen, aus denen sich schwarze Samen bilden.
Verwendung: Färbepflanze.
Kultur: Aussaat im Frühjahr. Selbst ausgesäte Sämlinge am besten umsetzen.
☼ ◊ ❄❄❄

Johanniskraut *siehe Hypericum*

Kamille *siehe Chamaemelum*

Kapuzinerkresse *siehe Tropaeolum*

Katzenmelisse *siehe Nepeta*

Kerbel *siehe Anthriscus*

Kleiner Wiesenknopf *siehe Sanguisorba*

Knolau *siehe Allium*

Koriander *siehe Coriandrum*

Krause Minze *siehe Mentha*

Kümmel *siehe Carum*

L

Laurus nobilis 🏆
Lorbeer
Dieser aus dem Mittelmeerraum stammende große, immergrüne Strauch oder Baum bildet einen schönen Blickfang im Kräutergarten, besonders als gestutzter Kugelbaum. Er verträgt einen regelmäßigen Schnitt und eignet sich für die Topfzucht. Die Blätter haben ein glänzendes Grün oder sind goldgelb, im Frühling erscheinen Gruppen von grünlich gelben Blüten.
Verwendung: Die Blätter werden häufig in der Küche verwendet – zu Saucen, Eintöpfen, Suppen und sogar Desserts. Medizinisch: Appetitanregend. Konservierung durch Trocknung.
Kultur: Einmal angewachsene Pflanzen sind einigermaßen winterhart, brauchen aber Schutz vor kaltem Wind. Kübelpflanzen sollten im Gewächshaus oder Wintergarten überwintern.
☼ ◊ ❄❄

LORBEER

LAVANDULA: Lavendel

Diese kleinen bis mittelgroßen Sträucher und Halbsträucher zieht man oft wegen des Dufts, den ihre Blüten und die silbrigen, grauen oder grünen Blätter verströmen. Man pflanzt sie in Rabatten, als niedrige Hecke oder im Kübel.

L. angustifolia
Echter Lavendel
Violette, rosa oder weiße Blüten. Der dunkelviolette 'Hidcote' 🏆 eignet sich für Hecken und Einfassungen.
Verwendung: Die getrockneten Blüten sind überall, wo der starke Duft gebraucht wird, einzusetzen. Das ätherische Öl benutzt man in der Aromatherapie, für Parfums und Kosmetika. Medizinisch: zur Insektenabwehr.
Kultur: Im zeitigen Frühjahr in Form schneiden.
☼ ◊ ❄❄❄

Weitere Lavendelsorten
L. x intermedia: runde Form. Kultur: wie oben.
Schopflavendel, *L. stoechas* 🏆: Blüten mit spitzen Hochblättern. Weniger frosthart.

SCHOPFLAVENDEL (*L. STOECHAS*)

WEISSER ZWERGLAVENDEL (*L. ANGUSTIFOLIA* 'NANA ALBA')

LIEBSTÖCKEL

Levisticum officinale
Liebstöckel
Diese starkwüchsige, mehrjährige Staude trägt im Hochsommer breite Dolden aus winzigen gelbgrünen Blüten, aus denen halbmondförmige Samen heranreifen. Die auffälligen Blätter sind eine schöne Ergänzung für Blumenrabatten.
Verwendung: Die Blätter riechen und schmecken stark nach »Maggi«. Man nimmt sie zu Salaten, Suppen und anderen warmen Gerichten. Junge Sprossen isst man roh oder gedünstet. Die Blätter einfrieren oder trocknen, die Samen trocknen.
Kultur: Samen nach der Reife oder im Frühjahr aussäen; im Frühjahr teilen.
☼ ◊ ❄❄❄

Lorbeer *siehe Laurus*

Lungenkraut *siehe Pulmonaria*

M

Mädesüß *siehe Filipendula*

Majoran *siehe Origanum*

Marienblatt *siehe Tanacetum*

Melissa officinalis
Zitronenmelisse
Eine mittelgroße, krautige Staude, deren Blätter nach Zitronen duften. Die jungen Blätter der gold gefleckten 'Variegata' wirken im späten Frühjahr und Frühsommer besonders schön.
Verwendung: Die frischen Blätter geben Salaten, weißfleischigem Fisch und Fruchtdesserts ein feines Zitronenaroma. Getrocknet in Kräutertees wirkt sie beruhigend.
Kultur: Pflanzen nach der Blüte zurückschneiden. An panaschierten Pflanzen bilden sich oft Triebe mit einfarbig grünen Blättern. Diese ganz herausschneiden, sonst wird die ganze Pflanze grün. Im Herbst oder Frühjahr teilen oder im Frühjahr aussäen.
☼ ◊ ❄❄❄

MENTHA: Minze

Kleine bis mittelgroße, rhizombildende Staude: Neigt zur Ausbreitung.

M. spicata
Krause Minze
Beliebteste Sorte, hat dekorative krause Blätter. Die marokkanische Minze ist besonders aromatisch.
Verwendung: Als Gewürz wird sie in zahlreichen Gerichten eingesetzt. Ergibt einen erfrischenden Tee. Medizinisch: bei Erkältungen. Durch Trocknen konservieren.
Kultur: Minze teilt man im Frühjahr oder Herbst.
☼ 💧 ✻✻✻

M. x gentilis
Ingwerminze
Duftet süß. 'Variegata' mit panaschierten Blättern breitet sich nicht so stark aus.
Verwendung: Im Obstsalat.

M. x piperita
Pfefferminze
Verwendung: Gut für Tees und eisgekühlte Getränke; verdauungsfördernd.

M. requienii
Kriechende Minze
Hat winzige Blätter.
Verwendung: Ausgezeichnet zum Bepflanzen von Fugen; schattiger Standort.

M. 'Variegata'
Ananasminze, Duftminze
Blätter cremeweiß panaschiert.
Verwendung: In Bowlen.

INGWERMINZE

Monarda
Goldmelisse, Monarde
Mittelgroße, horstbildende, mehrjährige Staude; bringt Farbe in den Kräutergarten und lockt Bienen an. Blüht meist pink, violett oder rot im Sommer und Herbst.
Verwendung: Die Blätter schmecken gut in eisgekühlten Getränken oder als Tee. Medizinisch: bei Verdauungsproblemen. Konservierung durch Trocknen.
Kultur: Im Frühjahr teilen. Aussaat im Frühjahr oder Herbst.
☼ 💧 ✻✻✻

Muskatellersalbei *siehe Salvia*

Mutterkraut *siehe Tanacetum*

GOLDMELISSE

Myrrhis odorata
Süßdolde
Große, starkwüchsige, mehrjährige Staude mit gefiederten Blättern, im Frühjahr aus kleinen weißen Blüten zusammengesetzte Dolden.
Verwendung: Mit den nach Anis schmeckenden Blättern süßt man Obstgerichte; die Samen verfeinern Salate und Obstsalate. Konservierung durch Einfrieren.
Kultur: Aussaat im Frühjahr; im Herbst oder Frühjahr teilen. Sie ist selbst aussäend.
☼ ◐ 💧 ✻✻✻

Myrtus communis 🏆
Myrte
Aromatischer, immergrüner, großer Strauch mit kleinen, glänzenden Blättern, im Spätsommer duftende cremeweiße Einzel- oder Doppelblüten. Wächst langsam.
Verwendung: Mit den Blättern würzt man Schweine- und Geflügelgerichte. Die Blüten

GEFÜLLT BLÜHENDE MYRTE (*M. COMMUNIS* 'FLORE PLENO')

lassen sich gut für Potpourris trocknen. Medizinisch verwendet man Myrte bei Blasen- und Atembeschwerden.
Kultur: Kalter Wind trocknet die Blätter aus. Für Topfzucht geeignet; Überwinterung im Gewächshaus.
☼ ◊ ❄❄

N-O

Nachtkerze *siehe Oenothera*

Nepeta cataria
Katzenmelisse
Es gibt mehrere dekorative blau blühende Nepeta-Arten, die alle auf Katzen eine magnetische Anziehungskraft ausüben. Die mittelgroße, mehrjährige Staude hat graugrüne Blätter und blüht im Sommer weiß.
Verwendung: Mit den getrockneten Blättern würzt man Fleisch. Medizinisch hat sie eine beruhigende Wirkung.
Kultur: Teilen im Herbst oder Frühjahr, Aussaat im Herbst.
☼ ◊ ❄❄❄

OCIMUM: Basilikum

Das stark aromatische Kraut ist vor allem in der Mittelmeerküche beliebt. Es gibt verschiedene, meist einjährig gezogene Arten in unterschiedlichen Geschmacksrichtungen.

O. basilicum
Basilikum
Kleine, buschige Pflanze, die von Sommer bis Herbst weiße Blütenähren trägt. Zahlreiche Sorten stehen zur Auswahl: 'Purpurascens' wächst besonders kompakt, hat rote Blätter und rosa Blüten, 'Green Ruffles' hat riesige, krause Blätter, und 'Horapha' (Thai-Basilikum) schmeckt leicht anisartig.
O. basilicum minimum
ist eine kleinblättrige, kompakte Pflanze, die sich zur Beeteinfassung eignet.
Verwendung: Die frischen Blätter schmecken köstlich zu Tomaten, Nudeln und in Suppen. Durch Einfrieren konservieren. Basilikum wird in der Aromatherapie verwendet.
Kultur: Braucht Sonne und einen geschützten Standort. Gedeiht auch gut

BASILIKUM ' PURPURASCENS '

im Topf, etwa auf einer sonnigen Fensterbank. Das Ausgeizen der Triebspitzen fördert einen buschigen Wuchs. Mit Beginn der Blüte wird der Geschmack derber. Aussaat im späten Frühjahr.
☼ ◊ ❄

Weitere Basilikum-Arten
O. tenuiflorum: flaumige Blätter mit leichtem Minzgeschmack, es wird in der Thai-Küche benutzt.

BASILIKUM

BASILIKUM 'GREEN RUFFLES'

Odermennig *siehe Agrimonia*

Oenothera biennis
Nachtkerze
Große, aufrechte, zweijährige Pflanze, ideal für bunte Kräutergärten, besonders wenn man die Selbstaussaat zulässt. An Sommerabenden öffnen sich ährenartige Trauben aus duftenden, blassgelben, schüsselförmigen Blüten. Später verfärben sie sich dunkelgold und bilden behaarte Schoten mit winzigen Samen.
Verwendung: Das Öl ist in Cremes für trockene Haut sowie in Präparaten gegen Menstruationsbeschwerden enthalten. Die Wurzel stärkt den Organismus.
Kultur: Aussaat von Spätsommer bis Herbst direkt ins Beet. Gedeiht auch auf sehr mageren, steinigen Böden.
☼ ◊ ❄❄❄

ORIGANUM: Majoran, Dost

Majoran eignet sich gut für Gefäße oder als Einfassung, andere Sorten passen gut in eine Mischbepflanzung. Die weißen oder blassrosa Blüten erscheinen im Sommer.

O. majorana
Majoran
Mittelgroße, ein- oder mehrjährige Pflanze.
Verwendung: Lecker in vielen Tomaten- und Zwiebelgerichten, Blüten und Blätter als Tee. Durch Trocknen konservieren.
Kultur: Aussaat im Frühjahr.
☼ ◊ ❄❄

O. onites
Kleine, mehrjährige Pflanze.
Verwendung: Kräftiger im Aroma als Majoran.
Kultur: Wie oben oder durch Stecklinge im späten Frühjahr.

O. vulgare
Dost, Oregano
Winterharte, mehrjährige Staude. 'Aureum' (Goldener Dost) gedeiht eher im Halbschatten; 'Compact' eignet sich für exakte Einfassungen.
Verwendung: Küchenkraut wie Majoran.
Kultur: Wie *O. onites*.

MAJORAN

DOST

DUFTPELARGONIE 'FAIR ELLEN'

P

Pelargonium
Duftpelargonie
Pelargonien zieht man wegen ihrer aromatischen Blätter. Sie unterscheiden sich stark von ihren Verwandten, den bunten »Geranien«. Die meisten haben kleine fliederfarbene, rosa, violette oder weiße Blüten und sind in frostgeschützter Lage immergrün.
Verwendung: *P. crispum*, die Zitronenpelargonie, schmeckt nach Zitrone. Das ätherische Öl, vor allem das der Rosenpelargonie *P. graveolens*, findet in der Aromatherapie Verwendung.
Kultur: In kalten Regionen am besten im Kübel, den man im Winter hereinholt. Im Frühjahr zurückschneiden, damit die Pflanze buschig bleibt. Vermehrung durch Stecklinge im Frühjahr oder Frühsommer.
☼ ◊ –2°C

Petroselinum crispum
Petersilie
Diese kleine, Gruppen bildende,

GLATTE PETERSILIE

zweijährige Pflanze gehört zu den beliebtesten Küchenkräutern. Die krause *P. crispum* hat stark gekräuselte Blätter, die glatte *P. crispum neapolitanum* den intensiveren Geschmack.
Verwendung: Krause Petersilie genießt man am besten frisch. Glatte Petersilie bewahrt ihr intensiveres Aroma auch nach dem Kochen. Mit Beginn der Blüte wird das Aroma derber. Konservierung durch Einfrieren.

KRAUSE PETERSILIE

Kultur: Aussaat kontinuierlich von Frühjahr bis Spätsommer. Keimt oft langsam.
☼ 💧 ❄❄❄

Pfefferminze *siehe Mentha*

Pimpinelle *siehe Sanguisorba*

Pulmonaria officinalis
Lungenkraut
Kleine, immergrüne Staude mit großen, silber gefleckten Blättern, schön als Einfassung für Beete. Die trichterförmigen Blüten verfärben sich von Rosa zu Blau.
Verwendung: Medizinisch: bei Erkältungskrankheiten.
Kultur: Rückschnitt nach der Blüte fördert neuen Blattwuchs. Teilen im Herbst oder nach der Blüte.
☼ 💧 ❄❄❄

R–S

Rainfarn *siehe Tanacetum*

Rauke *siehe Eruca*

Raute *siehe Ruta*

Ringelblume *siehe Calendula*

Römische Kamille *siehe Chamaemelum*

Römischer Ampfer *siehe Rumex*

Rosmarinus
Rosmarin
Der große, buschige, immergrüne Strauch wirkt sehr dekorativ in gemischten Rabatten. Die Blüten erscheinen im Frühjahr. Manche Sorten wachsen aufrecht; für niedrige Mauern oder

ROSMARIN
'PRIMLEY BLUE'

Böschungen wählt man kriechende Sorten.
Verwendung: Die schmalen, aromatischen Blätter würzen Lamm und Schwein sowie Essig und Öl. Rosmarin wird außerdem in Badezusätzen verwendet. Getrocknete Blätter verlieren kaum an Aroma.
Kultur: Nach der Blüte zurückschneiden, damit die Pflanze nicht ins Kraut schießt. Winterfest.
Aussaat im Frühjahr.
☼ 💧 ❄❄

ROSMARIN

RÖMISCHER AMPFER

Ruccola *siehe Eruca*

Rumex
Ampfer
Mittelgroße, mehrjährige Staude mit säuerlichen Blättern. Sauerampfer, *R. acetosa*, ist am weitesten verbreitet. Ähnlich schmeckt *R. scutatus*, der kleine, Matten bildende Römische Ampfer.
Verwendung: Blätter sparsam in Salaten und Fischsaucen verwenden. Blätter ernten, bevor sich die Ähren aus winzigen grünen Blüten bilden.
Kultur: Aussaat im Frühjahr, Teilen im Herbst oder Frühjahr.
☼ 💧 ❄❄❄

Ruta graveolens
Raute
Dieser kleine bis mittelgroße, stark duftende Strauch hat hübsche, fiedrige, blaugrüne Blätter. Im Sommer erscheinen gelbe Blüten. Es gibt auch eine Rautenart mit panaschierten, cremefarben gefleckten Blättern.
Verwendung: Medizinisch: wirkt beruhigend und schlaffördernd. Hautkontakt kann bei starker Sonneneinstrahlung zu Blasenbildung führen.
Kultur: Verträgt heiße,

RAUTE

trockene Standorte. Aussaat im Frühjahr.
☼ 💧 ❄❄❄

Safran *siehe Crocus*

Sanguisorba minor
Pimpinelle, Kleiner Wiesenknopf
Kleine, Gruppen bildende,

SALVIA: Salbei

Die meisten Salvien sind Zierpflanzen, aber auch die Küchenkräuter blühen sehr schön.
S. officinalis
Salbei
Am häufigsten als Küchenkraut angebaut. Mittelgroße halbstrauchige Staude mit graugrünen oder farbigen Blättern *(siehe rechts)*.
Verwendung: Die Blätter als Fleisch- und Fischgewürz. Medizinisch: bei Halsweh und Erkältungen. Durch Trocknen konservieren.
Kultur: Im Frühjahr in Form schneiden. Aussaat im Frühjahr, Stecklinge im Frühjahr oder Sommer.
☼ 💧 ❄❄❄

Andere Arten
Ananassalbei, *S. elegans*: groß, rotblühend. Blätter für Bowlen zu verwenden. Krautig.

Muskatellersalbei, *S. sclarea*: Zwei- oder mehrjährige, mittelgroße Staude mit cremeweißen, rosa- oder fliederfarbenen Blütenrispen.

GELBGRÜNER SALBEI ('ICTERINA')

ROTER SALBEI (PURPUREA)

mehrjährige Staude mit dekorativ gefiederten Blättern; im Sommer erscheinen Ähren aus winzigen Blüten.
Verwendung: Die Blätter schmecken frisch in Salaten und Sommergetränken. Vor der Blüte ernten. Medizinisch: gegen Blähungen.
Kultur: Aussaat oder Teilen im Frühjahr oder Herbst.
☼ ◊ ❄❄❄

Santolina chamaecyparissus
Heiligenkraut
Diesen kleinen, rundlichen, immergrünen Strauch findet man oft als Einfassung in formalen Gärten. Ab Sommermitte sitzen gelbe Blütenköpfe auf hohen Stielen über den fiederteiligen, grauweißen Blättern.
Verwendung: Man nimmt die durch Trocknen konservierten Blätter und Blüten zu Potpourris; im Schrank sollen sie Motten fern halten.
Kultur: Aussaat im Herbst oder Frühjahr, Stecklinge im Frühsommer.
☼ ◊ ❄❄❄

Satureja
Bohnenkraut
Es gibt verschiedene Arten; das einjährige Sommerbohnenkraut, *S. hortensis*, z.B. ist eine kleine, buschige Pflanze mit schmalen Blättern und weißen oder rosa Blüten. Winterbohnenkraut, *S. montana*, ein kleiner mehrjähriger Halbstrauch, blüht weißlich rosa, ähnlich wie *S. thymbra* mit seinen thymianartigen Blättern. Es eignet sich ebenfalls für Einfassungen. Kriechendes Winterbohnenkraut, *S. repandra*, mit seinen liegenden Trieben passt gut

KRIECHENDES WINTERBOHNENKRAUT

zwischen Wegsteine.
Verwendung: Vor allem die Blätter von Sommer- und Winterbohnenkraut geben Fleisch und Hülsenfrüchten einen würzigen Geschmack. Durch Trocknen konservieren.
Kultur: Pflanzen im Frühjahr leicht zurückschneiden. Aussaat im Herbst oder Frühjahr.
☼ ◊ ❄❄❄

Sandstrohblume *siehe Helichrysum*

Sauerampfer *siehe Rumex*

WINTERBOHNENKRAUT

Schafgarbe *siehe Achillea*

Schnittlauch, Schnittknoblauch *siehe Allium*

Sellerie *siehe Apium*

Sonnenblume *siehe Helianthus*

Süßdolde *siehe Myrrhis*

Symphytum officinale
Beinwell
Die große, wuchernde, mehrjährige Staude mit behaarten Blättern trägt im späten Frühjahr und Sommer pinkfarbene oder blassgelbe Röhrenblüten. Panaschierter Beinwell bringt Farbe in schattige Ecken.
Verwendung: Traditionelle Heilpflanze (frische oder getrocknete Blätter) in Umschlägen bei Prellungen, Zerrungen und Hautabschürfungen. Der Kontakt mit den Blättern kann Hautreizungen hervorrufen.
Kultur: Aussaat im Herbst oder Frühjahr, Teilen im Frühjahr. Manchmal stark wuchernd.
☼ ♦ ❄❄❄

BLAUER BEINWELL (*S.* × *UPLANDICUM* 'VARIEGATUM')

RAINFARN 'ISLA GOLD'

MUTTERKRAUT

T

Tanacetum
Mutterkraut

Wegen seiner stark gefiederten Blätter und gänseblümchenartigen Blüten sollte man mindestens eine Mutterkrautart im Kräutergarten haben. Die kleine, strauchige, mehrjährige Staude *T. parthenium* mit aromatischen Blättern eignet sich gut zur Einfassung von Beeten. Einfache oder gefüllte weiße Blüten mit gelben Zungenblüten erscheinen im Sommer. 'Aureum' hat goldgelbe Blätter. Der Rainfarn, *T. vulgare*, ist eine mittelgroße, breitwüchsige, mehrjährige Staude; an den aufrechten Stielen bilden sich im Spätsommer leuchtend gelbe Blütenköpfchen. Marienblatt, *T. balsamita*, ebenfalls eine mittelgroße, mehrjährige Staude, ist nicht ganz so hüsch. Zu den nach Minze duftenden Blättern erscheinen im Spätsommer und Herbst kleine weiße, gänseblümchenartige Blüten.
Verwendung: Sämtlich für Potpourris geeignet. Medizinisch hat man in klinischen Versuchen die lindernde Wirkung des Mutterkrauts bei Migräne entdeckt. Zur Insektenabwehr hängt man getrocknete Pflanzen in den Schrank. Mit Marienblatt würzte man früher Bier; man nimmt es sparsam an Fleisch- und Gemüsegerichten.
Kultur: Aussaat im späten Winter oder zeitigen Frühjahr, Stecklinge im Frühsommer, Teilen im Frühjahr oder Herbst. Manchmal wuchernd.
☼ ◐ ◊ ❄❄❄

Teucrium chamaedrys
Gamander

Kleine, breitwüchsige, mehrjährige Pflanze, die von Sommer bis Herbst rotviolett blüht. Die immergrünen Blätter haben gekerbte Ränder. Hübsche Beeteinfassung.
Verwendung: Mit den Blättern aromatisiert man Liköre und Wermut. Medizinisch nutzt man sie bei Verdauungsstörungen und Appetitlosigkeit. Kann die Leber schädigen.
Kultur: Teilen im Herbst, Aussaat im Herbst oder Frühjahr.
☼ ◊ ❄❄❄

Tropaeolum majus
Kapuzinerkresse

Einjährige Pflanze, klein und buschig. Die trichterförmigen Blüten in kräftigen Rot- und Gelbtönen erscheinen von Hochsommer bis Herbstmitte. Es gibt verschiedene Sorten mit blaugrünen oder cremeweiß gefleckten Blättern.
Verwendung: Blätter und Blüten schmecken gut in Salaten, die jungen, runden Früchte kann man in Essig einlegen und wie Kapern verwenden.
Kultur: Aussaat im Frühjahr direkt ins Beet.
☼ ◊ Min 3°C

GAMANDER

THYMUS: Thymian

Alle Thymianarten sind mehrjährig; die meist sehr kleinen, strauchigen oder kriechenden, Matten bildenden Pflanzen haben aromatische, goldgelbe oder silber- bzw. goldgefleckte Blätter. Man kann sie überall anpflanzen, sie passen sich gut ihrer Umgebung an. Im Sommer ziehen die Blüten Bienen an.

☼ ◊ ❄❄❄

T. pulegioides
Quendel, Feldthymian
Matten bildende Pflanze, die auch das Betreten aushält.
Verwendung: Hervorragend auf Wegen.
Kultur: Aussaat im Frühjahr, oder direkt ins Beet.

KRIECHENDER THYMIAN 'RUSSETINGS'

ZITRONENTHYMIAN

T. vulgaris
Echter Thymian
Matten bildender Halbstrauch.
Verwendung: Würzt Fleisch, Geflügel, Fisch und Gemüse. Thymiantee ist hochwirksam gegen Husten. Konservierung durch Trocknen.
Kultur: Pflanze im Frühjahr zurückschneiden. Aussaat im Frühjahr.
Weitere Thymian-Arten
Zitronenthymian, *T. × citriodorus:* kleine, buschige Pflanze. 'Aureus' 🏆 hat goldgelbe Blätter.
T. herba-barona: kriechende Pflanze mit Kümmelduft.
Verwendung: Medizinisch: bei kleineren Verletzungen. Es schmeckt extrem bitter. Blätter durch Trocknen konservieren.
Kultur: Spitzen ausgeizen, damit die Triebe sich verzweigen. Aussaat im Herbst oder Frühjahr, Teilen im Frühjahr.

☼ ◊ ❄❄❄

Waid *siehe Isatis*

Walderdbeere *siehe Fragaria*

Waldmeister *siehe Galium*

Weißer Beifuß *siehe Artemisia*

Wermut *siehe Artemisia*

Winterbohnenkraut *siehe Satureja*

Ysop *siehe Hyssopus*

Zitronenmelisse *siehe Melissa*

Zitronenstrauch *siehe Aloysia*

Zwiebel *siehe Allium*

V–Z

Verbena officinalis
Eisenkraut
Mittelgroße, aufrechte, mehrjährige Pflanze mit gesägten Blättern, vom Hoch- bis Spätsommer lange, dünne Ähren aus fliederfarbenen oder violetten Blüten. Wegen ihres etwas struppigen Wuchses kommt sie neben großblättrigen Kräutern am besten zur Geltung.

KAPUZINERKRESSE

REGISTER

Fette Seitenzahlen verweisen auf Abbildungen.

DANK

Bildrecherche Mollie Gillard

Spezialfotografie Peter Anderson

Illustrationen Gill Tomblin

Zusätzliche Illustrationen Karen Cochrane

Register Hilary Bird

Der Verlag dankt dem gesamten Personal der RHS, vor allem Susanne Mitchell, Karen Wilson und Barbara Haynes am Vincent Square, Frank Hardy und Paul Bearcroft, am Pershore and Hindlip College, Worcestershire, für Rat und technische Hilfe, Candida Frith-Macdonald für redaktionelle Mitarbeit, Sarah Cleverdon für die Mithilfe bei den Bepflanzungsentwürfen, Rosemary Titterington von Iden Croft Herbs für Rat und Hilfe sowie Stanley Tools Ltd für Werkzeuge und Ausrüstung.

The Royal Horticultural Society
Mehr über die Arbeit der RHS erfahren Sie im Internet unter **www.rhs.org.uk**. Hier finden Sie Informationen zu Veranstaltungen in Großbritannien, eine Datenbank für Gärtner, internationale Pflanzenregister, Ergebnisse von Pflanzenversuchen und Informationen zur Mitgliedschaft.

Bildnachweis
Der Verlag dankt folgenden Personen und Institutionen für die freundliche Genehmigung zum Nachdruck ihrer Fotografien:
(Schlüssel: o=oben, u=unten, l=links, r=rechts, m=Mitte)

AKG London: Bibliothèque Nationale, Paris 8or
Bridgeman Art Library, London/New York: *A Garden*, by Johan Walter, French, *Florisège de Nassau-Idstein* (1660), Bibliothèque Nationale, Paris 8u
Eric Crichton Photos: 22u
E. T. Archive: British Museum 7ur
Garden Picture Library: Jerry Pavia 40; John Titelseite m, 34; Juliette Wade 6
Garden Matters: 10mr
Jerry Harpur: RHS Designer Chelsea: Elizabeth Banks/*The Daily Telegraph* 5um, 27ur; Designer Simon Hopkinson/Iden Croft, Kent 12ur
John Heseltine Archive: 2
Andrew Lawson: 15ol
Photos Horticultural: 11o; Michael und Lois Warren 9u, 12u
Harry Smith Collection: 28
Steven Wooster: Chelsea Flower Show 5ul